富爸爸RD 010

富爸爸富小孩

給你的孩子理財頭腦

（2017年修訂版）

Rich Dad's Rich Kid Smart Kid

羅勃特・T・清崎（Robert T. Kiyosaki） 著
王麗潔 譯

高寶書版集團

目錄
contents

前言 銀行家為什麼不看學校成績單？

今天，教育顯得比歷史上的任何時代都更為重要。在我們跨越工業時代，步入資訊時代的時刻，教育的價值不斷地增加。我們的問題是，你或你的孩子在學校所受到的教育是否足以迎接新時代的挑戰？

在工業時代，你去上學、畢業，然後開始你的工作生涯。由於世界的變化並不是很快，你也就不需要持續地接受額外的教育去求得成功。換句話說，你的學校教育足以使你受用終生。

戰後生育高峰期出生的數以千萬計的人們在今天準備退休的時候，許多人發現他們所受的教育已無法應付新時代的需要。許多受過良好教育的人，面臨著與沒有受過什麼教育的人相同的經濟窘境，這在歷史上還是第一次。人們不斷地發現，要想勝任目前的工作，他們不得不去接受再教育和各種培訓。

你應該在什麼時間衡量你所受的教育成功與否？

你應該在什麼時間衡量你所受的教育是否成功？是看二十五歲你大學畢業時拿到的成績單，還是在你六十五歲退休時，再來看它的成效？

美國政府的一份研究顯示，每一百個六十五歲的老年人中，一個富裕，四個小康，五個仍在工作，五十六個人需要依賴政府或家庭成員的資助，其餘的人已死亡。

本書不打算談那一個富人，或是那四個過著小康生活的人，我所關心的是那五十六個需要他人救助的人。我相信所有的人都不希望自己或自己的孩子去加入或增大這個統計數字。

總有人對我說：「我退休後不需要太多的錢，因為等到退休後，我的生活費會下降。」當然，生活費將會下降，這確屬事實，然而，另一種費用——醫療保健費卻會大幅度增加。醫療保健對上百萬的老年人來說將變成攸關生死的問題。坦白地說如果你有錢，你可以繼續活下去。如果你沒錢，你可能就會死。

問題是，難道這些老年人所受的教育，無法讓他們面對晚年生活中的財務挑戰嗎？

另一個問題是，面對當前這些老年人的困境，你應該對孩子的教育做些什麼？

這兩個問題的答案如下：

第一個問題的答案是「不能」。而且如果這些老年人無法自行負擔健康保障費，你和你的孩子就將為這上千萬的老年人支付健康保障費用。

第二個問題的答案是另一個角度的問題：你的孩子所受的教育是否能使他們在財務方面足夠安全，並且能夠保障他們在工作生涯結束時，不會成為那些需要依賴政府的財務和醫療資助的五十六個人當中的一員？

規則在改變

工業時代的規則是上學、得高分，找一份既安全又有福利保障的工作，終其一生。到了退休的時候，公司和政府將會照顧你的餘生。

而資訊時代的規則在改變。現在的規則是上學，得高分，找到工作，在職位上接受再培訓；找新公司，換新工作，接受再培訓……這個過程一直持續下去，你要祈禱自己能存一大筆錢用於六十五歲以後的開支。

工業時代適用的定律是愛因斯坦的 $E=mc^2$ 定律；而資訊時代適用的定律則是摩爾定律，即資訊的數量每十八個月會以倍數成長，摩爾定律是現代意識形態的基礎。換句話說，為了跟上變化，每十八個月你的知識需要更新一次。

工業時代的變化很慢，你在學校學到的知識能讓你長久受用。而資訊時代，你掌握的知識會很快過時。你所學的東西也許很重要，但遠不及擁有快速學習、適應變化和掌握新資訊的能力重要。

我的父母都是在大蕭條年代中長大的，對他們而言，保障就是一切。他們的聲音中總是帶著恐慌：「要想找到一份安全、有保障的工作就必須去上學。」也許你還沒注意到，雖然今天有足夠的工作機會，但人們所要面臨的挑戰是如何在現有的崗位上，保證自己所擁有的知識不會過時，不會被淘汰。

從工業時代跨入資訊時代，還有下列微妙但很重要的變化：

- 工業時代，雇主要對員工退休後的安置負責。
- 資訊時代，員工要自己對自己負責。如果你在六十五歲以後出現經濟危機，那是你自己的問題，而不是公司的問題。
- 在工業時代，人愈老愈有價值。
- 在資訊時代，人愈老價值愈低。
- 在工業時代，人們一輩子作員工。
- 在資訊時代，愈來愈多的人成為自由代理人。

·在工業時代，聰明的孩子成為醫生和律師，他們能夠賺到很多的錢。

·在資訊時代，賺錢最多的人是運動員、演員和音樂家。而醫生和一些其他專業人士賺的錢，比他們在工業時代所能賺到的錢少了許多。

·在工業時代，如果你或你的家庭陷入財務困境，你可以依賴政府的救助。

·一進入資訊時代的開端，我們就聽到愈來愈多的政治家，信誓旦旦地要拯救社會保障計畫和其他的政府保障計畫。而我們心裡都很清楚，當政治家們發誓要拯救某樣東西時，他們所要拯救的東西其實已不復存在了。

當變化出現時，一定會有抵抗。但近幾年來，有許多事例表明，在變化的時代，很多人已經意識到了機會的來臨。例如，比爾·蓋茲正因為ＩＢＭ的資深人士未能預見市場並發現規則的改變，他成為了世界上最富有的人。也正因為ＩＢＭ高層經理未能及時察覺變化的產生，不誇張地說，ＩＢＭ的投資者們損失了幾十億美元。

今天，我們看到由二十歲出頭的人組建的資訊時代的公司，收購了由四十幾歲的人經營的工業時代的公司。今天，由於二十出頭的人看到了四十多歲的總裁們沒有看到的機會，二十多歲的人便成為了億萬富翁。

在資訊時代，很多白手起家的二十幾歲億萬富翁從沒有過一份正式工作；而四十幾歲的人卻不得不從頭開始，為了勝任新的工作而接受再培訓。愈來愈多的大學畢業生不再冀望在大公司裡找到好工作，而選擇在宿舍裡開始創辦自己的企業。哈佛大學就設有一個特殊機構幫助學生創業。表面上看來，這是在幫助學生創業，實際上，這是一種把優秀的學生留在學校裡的機制。同時，在美國有一家大型企業的半數員工由於薪水太低，以至於他們還得爭取領取食物券的資格。那麼當這些員工老到不能再工作時，他們又該怎麼辦？他們所受的技能教育還能應付未來嗎？

留在家中上課會慢慢取代去學校上課的教育方式。今天，在家受教育的兒童數量正在大幅度的增加。愈來愈多的家長在尋找新的教育方式，如天主教系統教育法、華德福教育法或蒙特梭利教育法（Montessori），都旨在將孩子從不能滿足他們需要的過時教育體制中解脫出來。愈來愈多的家長理解孩子的早期教育在他們的成長過程中，與日後的大學教育同等重要。

簡單地說，資訊時代所帶來的巨大經濟變革，將會特別加深富者和貧者之間的差距。對一些人而言，這些變化是件福音；而對另一些人來說，這將是一場災難；還有一部分人則認為，變化不會帶來任何的改變。正如富爸爸所說的：「有些人在推動某些事情發生，有些人在袖手旁觀事情的發生，還有一些人只會問『究竟發生了什麼事情？』」

教育比以往任何時代都重要

世界將以前所未有的速度變化，因此教育顯得比以往任何時代都重要。歷史上第一次，在學校裡成績優異的人，也可能面臨著與成績中下之人相同的經濟困境。有一個現象應該引起所有人的深思，當我們希望從銀行獲取貸款時，銀行要求我們出示的是財務狀況說明書，而不是大學的成績單。其實銀行家們正在以他們的方式告訴你事實的真相。這本書同樣是要告訴你，你的孩子想要在未來的現實世界裡獲得個人成功和財務成功，必須要瞭解哪些事情。試回答：

- 您的孩子在今天所受的教育是否足以應付他們將面對的未來生活？
- 學校的教學體制是否能夠滿足每個孩子的特殊需要？
- 如果孩子討厭學校或在學校表現不好，作為家長您會對此做些什麼？
- 好成績能保證得到終生職業和實現財務成功嗎？
- 孩子們為了要接受他們所需要的教育，是否必須進入傳統學校？現有的學校教育能夠滿足這些需要嗎？

誰是本書的讀者？

本書是為那些已經覺察到世界的快速變化，並理解現行的教育體制可能不足以滿足孩子們要求的家長們而寫的。本書適合那些想對孩子的教育產生積極影響，而不是盲目地將責任一股腦兒地推給學校的家長們。

本書將幫助家長為孩子們進入現實世界做好準備，這是一個從學校畢業以後需要進入的現實世界。本書尤其適合以下家長：

- 想使孩子在人生之初，就能初具財務頭腦，並且不用花費他們過多金錢的家長們。
- 想使孩子的天分得到充分發揮、學習方式得到保護和尊重的家長，這些家長希望他們的孩子能在離開學校後仍樂意終生學習。
- 不喜歡學校或在學校學習有困難的孩子的家長。

本書的讀者就是上面提到的所有人。

本書結構

本書共分為三部分。

第一部分講述學校教育和財務教育概況。已看過我其他書的讀者知道，我一生中有兩位父親：一位是我稱為「富爸爸」的人，實際上他是我的好友邁克的父親；另一位是我的「窮爸爸」，也就是我的親生父親。由於兩個父親都是其所屬領域的傑出分子，因此我從他們兩位身上受益匪淺。我稱之為「窮爸爸」的親生父親是個學術天才兼教育家。我九歲以後變成了學校的「問題少年」，我不喜歡所學的東西和老師的教育方法，在我被迫去學習的知識和我將投入其中的現實世界之間，我看不到絲毫的關聯。

第一部分就是講述我那聰明的窮爸爸，是如何幫助我走過了人生中這段艱難路程的。如果不是窮爸爸，我很可能早就遭到退學或逃學的命運，那樣的話，我也不會有大學畢業的那一天了。

本書的第一部分也講述了我的另一位父親，富爸爸幫助我完成的教育歷程。富爸爸是一個財務天才，同時也是一位偉大的老師。他在我年少時就培訓我以富人的方式思考。由於富爸爸的指導，我在九歲到十二歲時就已經確信無論我在學校的成績如何，抑或能否在畢業後獲得高薪職位，我都將獲得鉅額財富。十二歲時，我明白了我的學校教育與我成為富人之間的關係甚疏。當我瞭解到不論我在學校的表現如何都能成為富人時，我對學校的態度發生了變化。本書的第二部分，講的是我的兩個爸爸以各自的方式，幫我解決思想問題，並指導我最終大學畢業的經過。

第二部分介紹了父母幫助孩子應對現實世界可採用的一些簡單辦法，包括學業上的準備和財務知識的準備。該部分開始於我對學校態度的改變，進而導致高中幾乎無法畢業的故事講起，讓你瞭解富爸爸和窮爸爸如何把我留在學校，以及富爸爸如何幫助我擺脫學業失敗並成為富人的事實和過程。

在第二部分中，富爸爸告訴我，他的銀行家從不向他索取學校成績單。富爸爸說：「我的銀行家從不問我學習成績的好壞，他們要看的只是財務報表。問題是，大多數人在離開學校時，根本不知道財務報表為何物。」他還說：「對每個想要擁有財務安全生活的人而言，都有必要瞭解財務報表是怎麼回事。」而且在現今的世界，工作的保障愈來愈少，想讓孩子獲得終生的財務保障，讓他們擁有一些財務技巧是最基本的前提。

綜觀現行教育體制，我們會發現該體制主要集中於兩個教育領域：

1. **學校教育：**培養學生讀、寫和數學能力；

2. **職業教育：**培養醫生、律師、技師、秘書等一旦離開學校後就能去賺錢的專業人員。

美國及一些西方國家，在向其公民提供這兩類基礎教育方面是比較成功的。教育對西方世界今日所取得的成就可謂貢獻巨大，而問題是，如前所述，規則改變了。資訊時代裡，我們需要更多新的教育類型，每個學生都需要接受富爸爸對我進行的另一類基礎教育——財商教育。

3. **財商教育：**財商教育是能夠幫你把在職業工作中賺到的錢，變成永久財富並實現財務安全的教育。財商教育能夠使你的孩子在日後的生活中避開財務陷阱，減少財務上的失敗，並能夠在努力工作、養育家小之後的晚年不會陷入財務困境。

銀行家不看你的成績單的原因，是他們希望知道的是，當你離開學校之後的能力。他們想瞭解的是你的財商水準，而不是課堂上的智商水準。顯然，財務報表遠比成績單更能顯示出你的財商高低。

第二部分中還有一些簡單而具體的例子，家長可以參考這些例子對孩子進行一些啟蒙教育，使他們日後進入現實世界時能夠認識工作的問題和金錢的問題。

第三部分介紹了一些教育方法上最新的技術性突破。這些方法將有助於提高家長發現孩子的天賦所在，進而對孩子因材施教。同時，也有助於培養孩子在學校裡學習其他基礎知識的自主學習能力。

很多年前，愛因斯坦的一位老師挖苦他說：「他將一事無成。」很多老師也認為愛因斯坦頭腦遲鈍，因為他總是記不住東西。

多年後，當一位傑出的發明家提出，掌握事實性的知識異常重要時，愛因斯坦表示不同意。他說：「一個人不需要上大學去學習事實，這些知識透過讀書就可以學到。大學教育的價值應體現在培養人的思考方式上。」他還說：「想像力比知識本身更重要。」

曾有一些記者採訪愛因斯坦，其中一個人問道：「聲音的速度是多少？」愛因斯坦答道：「我不知道，我不會在腦子裡記一些書本中能找得到的資訊。」

幾乎我遇到的每位家長都認為自己的孩子天資聰穎。可是一旦孩子們開始上學，他們的天賦經常被掩蓋，或者讓位給被教育體制認為是唯一正確的學習天賦。窮爸爸和許多教育學家都理解，現行的教育體制並不能完全滿足天賦各異的孩子們的需要。

遺憾的是，現行教育體制陷入了自相矛盾和陳舊理念的泥淖之中。當現行體制意識到應對這些問題加以解決時，圍繞在教育界周圍的政治家與繁文縟節，又阻礙了能充分挖掘孩子天分的新改革方案，這些新穎的改革方案終究無法實行。

窮爸爸曾是夏威夷教育部的負責人，他致力於體制改革但卻被這個體制毀掉了。他後來對我說：「在這個系統中，老師和管理者有三類。第一類人一直試圖改變這個體制；第二類人拚命反對體制中的任何改革；第三類人對體制的變革與否漠不關心，他們想的只是職業保障和薪水。所以，現有體制多年來一直未得到改變。」

結語

窮爸爸常說：「孩子最重要的老師是他們的父母。許多家長對孩子說『好好學習，要接受好的教育』，但問題是這些家長卻不能身體力行地將這些話體現在自己的生活當中。」他還說：「許多孩子是透過觀察而不是傾聽來學習的，孩子們總能發現他人在語言和行動上

第一篇 金錢是一種觀念

當我還是個孩子的時候，富爸爸總是說：「金錢就是一種觀念。」他還說：「你想讓金錢成為什麼東西，它就能成為什麼東西。如果你說『我不會富有』，那麼你永遠都不會富有。如果你說『我可付不起』，那麼你將永遠付不起。」

窮爸爸對教育問題也持有相同的觀點。

是否每個孩子都天生具備富有和聰明的潛質呢？有些人認為是的，有些人持否定態度。本書的第一部分將幫助你盡可能地保護並發掘孩子的天賦。

第一章　所有的孩子天生就是富孩子和聰明孩子

我的兩個爸爸都是非常棒的老師，兩個人也都是非常精明的人，只是兩個人的精明之處不同。雖然他們兩人存在著很大的差異，但兩個爸爸都認為所有的孩子生下時都是聰明孩子和富孩子。只是在以後的成長過程中，有些孩子開始學習成為窮人，有些孩子漸漸相信自己不如別人聰明。我說兩個爸爸都是很棒的老師，是因為他們堅信每個孩子與生俱來擁有各種天賦。換句話說，他們認為不該進行「填鴨式」教育，而應發掘孩子們獨特的天分，因材施教。

「education」（教育）一詞源於拉丁文「educare」，意思是「挖出」、「抽出」。遺憾的是，我們當中有很多人對教育的記憶就只剩下冗長而枯燥、死記硬背的片斷。為應付考試而死記硬背，考試一結束，學到的東西便很快忘掉。之所以說兩個爸爸都是偉大的教師，是因為他們從不強迫我去死記硬背。他們很少採用說教的方式，但是如果我有問題，他們都會很耐心地解答。有時他們也會問我一些問題，以瞭解我的知識面，但從不簡單地告訴我他們所知道的事情。我的兩個爸爸都是傑出的教師，我把他們對我的教導視作我一生中無上的光榮。

母親對我的影響也非常大，她是我行為的楷模，她教會我無條件地去關愛、施予、照顧他人。不幸的是，媽媽在四十八歲那年就去世了。她在年少時就得了風濕病，後來又引發了心臟病，為此她幾乎和病魔抗爭了大半生。她雖身患重病，卻仍與人為善，母親關愛他人的行為深深地教育著我。許多次當我受到傷害，欲遷怒於他人時，一想到母親，我就會忘記憤怒，而去以德報怨。至今，我仍需日日溫習此課。

我曾聽人說，男孩子長大後娶的妻子多半像他的母親，我的經歷的確如此。我的妻子金，也是一位心地善良、充滿愛心的人。我為母親和金從未謀面而深感遺憾，否則，她們一定會成為最好的朋友。我理想中的妻子應該也是我在事業上的夥伴，因為父母一生中最快樂的日子也正是他們共同在和平隊工作的日子。我記得當甘迺迪總統宣佈創建和平隊時，父母是如此地激動，他們幾乎是迫不急待地希望成為其中的一員。當父親被派往東南亞培訓基地擔任主任一職時，他立刻接下來並要求母親同去當一名護士。我相信這是他們婚姻生活中最幸福的兩年。

我對好朋友邁克的母親並不很瞭解，但我經常去邁克家吃晚飯，所以也會常常見到他母親，但我仍不能說十分瞭解她。當我和邁克因為工作而常常要與富爸爸待在一起時，她就會花時間與其他的孩子待在一起，才不會讓其他的孩子感到孤獨、被冷落。每次去邁克家，他母親都對我很好而且對我們的事情很關心。可以說她是邁克的父親最好的生活伴侶，他們都是充滿愛心、善良、願意關心他人的人。雖然她不善言談，但她對我和邁克在學校及在公司裡學到的東西都充滿興趣。所以，儘管我不是很瞭解她，但我從她身上理解了傾聽別人談話的重要，即使別人的觀點與你的觀點有衝突，你也要用心傾聽，讓別人發言並尊重別人的想法。她是一位善於以一種非常平靜的方式與人溝通的人。

父母給我的教育

今天，單親家庭的數量令我感到憂慮。同時擁有父親和母親兩個老師對我的成長極為重要。例如，小時候我又高又壯，媽媽很害怕我會利用身體優勢成為學校裡的「小霸王」，所以她努力發掘我身上今天被人們稱作「女性的一面」的性格因素。如前所述，她是個善良、充滿愛心的人，她希望我也能做到。歲月證明，我的確是這樣的人。一年級時的某天，我拿回成績單，老師的評語是：「羅勃特應該學會更懂得維護自己的權益，他使我想起《猛牛費迪南》（**Ferdinand the Bull**）。雖然羅勃特比別的孩子更高更壯，可是別的孩子就是敢欺負牠，推擠牠。」（媽媽曾跟我講過這個故事，說的是一頭叫費迪南的大公牛不去與鬥牛士拚搏，而是坐在競技場中嗅聞觀眾拋給牠的鮮花。）

媽媽看完成績單後，感到有些震驚。爸爸回家看過後，立即變成了一頭發怒的、而不是聞花的公牛。「你怎麼看待別的孩子推你這件事？你為什麼讓他們推你？難道你是個女孩子嗎？」父親嚷著，他似乎更在意關於我行為的評語，而不是我的考試分數。我向他解釋我只不過是聽從媽媽的教導，他轉向媽媽說道：「小孩子們都是公牛，所以對任何一個孩子來說，學會與公牛相處很重要，因為他們的確處身於公牛群中。如果他們在童年時就沒學會與公牛相處，他們到了成年就會經常受人欺侮。與人為善不是與恃強凌弱的人相處的最好辦法，如果別人對你沒有善意，你就要做出反擊。」

父親轉向我說：「別的孩子打你的時候，你的感覺是什麼？」

我的眼淚流了下來，「我感覺很不好，我覺得無助而且恐懼。我不想上學了，我想反擊他們，但我又想當好孩子，按照你和媽媽的希望去做。我討厭別人叫我胖子和蠢貨，討厭被別人推來推去的，而且我最討厭站在那裡忍受這些。我覺得我是個膽小鬼，簡直就像個女孩子，而且女孩子們也嘲笑我，因為我只會站在那兒哭。」

父親轉向母親，盯視了她一會兒，似乎是要讓媽媽知道他不喜歡她教我的這些東西。然後他問我：「你認為該怎麼辦？」

「我想回擊，」我說，「我知道我打得過他們。他們都是些愛打人的小流氓，他們喜歡打我是因為班上我的個子最大，因為我個子大，每個人都要我不要欺負別人，可是我也不想站在那裡挨揍啊！他們認為我不會反擊，所以就總是在別人面前打我。我真想揍他們一頓，挫一挫他們的銳氣。」

「不要揍他們，」父親靜靜地說道，「但你要用其他方式讓他們知道，你不再受他們的欺負了。你現在要學習的是非常重要的一課——爭取自尊，捍衛自尊。但你不能打他們，動動腦子想個辦法，讓他們知道你不會再忍受再挨打了。」

我不再哭了，擦乾眼淚，感覺好受多了，勇氣和自尊似乎又重新回到我的體內。現在我已經做好回到學校的準備了。第二天，媽媽和爸爸被叫到學校，老師和校長感到非常不安。當媽媽和爸爸走進辦公室時，我正坐在角落的椅子上，身上濺滿了污泥。爸爸邊坐下邊急著問：「發生了什麼事？」

「是這樣的，應該說是那群男孩子自己惹禍上身。」老師答道，「我在羅勃特的成績單上寫了那段話後，我就知道會有事情發生的。」

「他打了他們？」父親擔心地問。

「噢，沒有。」校長說，「我看到了全部過程。一開始是男孩子們去戲弄他，但這次羅勃特沒有站在那裡忍受欺負，而是叫他們停止，可是他們根本不聽。羅勃特再三警告，男孩子們卻變本加厲。於是，他返身回到教室，抓起他們的午餐盒，把裡面的食物全部倒進了泥塘。當我穿過草坪跑過去時，男孩子們正在打羅勃特，但他沒有還手。」

「那他在幹什麼？」爸爸問。

「在我趕到制止他們之前，羅勃特抓住兩個男孩並把他們也推到了泥塘裡，這就是為什麼他的身上滿是污泥的原因了。我已經把那兩個男孩子送回家換衣服了，因為他們全身都濕透了。」

「可是我沒打他們。」我在角落裡插話說道。

爸爸盯視著我，然後把食指放在嘴唇上，示意我不要說話。然後他轉向老師和校長說：「我們會在家裡處理這件事的。」

校長和老師點了點頭，老師接著說道：「我很高興能夠親眼目睹過去兩個月發生的所有事情。假如我不知道導致這次泥塘事件的原因，就可能只會責備羅勃特。請你們相信我會把那兩個孩子及他們的家長叫來如實地說明此事。我不會寬恕羅勃特把那兩個男孩和他們的午飯扔進泥塘的行為，但我真誠地希望從現在起，男孩子們之間的這種以強欺弱的事情能夠結束了。」

第二天，兩個男孩子和我被叫到一起開會，我們各自承認了自己的錯誤，握手言和了。課間休息時，其他孩子走過來和我握手，拍我的背，他們祝賀我回擊了那兩個也欺負過他們的男孩子。我對他們的祝賀表示感謝並且說：「你們應該學會為自己的權利而戰，如果你做不到，你一生都將只是一個懦夫，被世界上那些恃強欺弱的人推來擠去。」如果爸爸聽到我在說他教我的這番話，一定會非常驕傲的。從那天起，我的一年級生活就變快樂了。我找回了寶貴的自尊，贏得了全班同學的尊重，全班最漂亮的女孩也成了我的好朋友。我學會了以堅強帶來和平，而不是因為自己的軟弱任由恐懼和害怕的感覺繼續存在。

在隨後的一週裡，經過這次泥塘事件，我從父母那裡也學到了一些寶貴的人生經驗。

晚飯時，泥塘事件成為熱門討論話題。我知道了生活中並沒有什麼正確或錯誤的答案，如果我們不喜歡某個選擇或結果，就可以去進行另一個新的選擇並獲得新的結果。從這次事件中，我還知道了從母親身上學習善良和充滿愛心，以及從父親那裡學到讓自己強大並進行反擊都是非常重要的。我知道很多人認為事情只有一種解決辦法，這只會造成故步自封。這就如同用太多的水澆樹，會造成不給樹澆水一樣的後果，即造成樹的死亡，可是人類偏偏又總是在事情的兩極過度搖擺不定。

從校長辦公室回家後的那個晚上，爸爸說：「許多人只生活在黑白分明的世界，或者是對錯分明的世界裡。一些人會建議你『不要回擊』，另一些人會說『回擊他們』，而生活中成功的關鍵應該是，如果你必須回擊，就要準確瞭解回擊的力道要有多大。掌握回擊力道比簡單地說『不要回擊』或『回擊』需要更多的智慧。」

父親經常說：「真正的智慧是掌握合適的分寸，而不是簡單地談論對與錯。」作為一個六歲的孩子，我從母親那裡瞭解應該成為善良和文雅的人，但我現在知道我不應該太過善良和文雅；從父親那裡我懂得應該強大，但我也知道應該運用智慧，有分寸地運用我的力量。我常說硬幣有兩面，誰也沒有見過僅有一個面的硬幣，但我們又常常會忘記這個事實，我們經常認為自己所處的一面一定是唯一和正確的一面。當我們這樣想時，我們也許仍然很聰明，也許瞭解到我們所認為的真相，但我們也可能侷限了智慧的發展。

我的一位老師曾說，上帝給我們的是一隻右（right）腳和一隻左（left）腳，而不是一隻正確的（right）腳和一隻錯誤的（wrong）腳。人類是在他們時左時右地犯錯誤過程中得以前進的。認為自己一貫正確的人就好比他只有一隻右（right）腳，他們認為自己一直在進步，但實際上只是在原地轉圈。

我認為，人們在社會中，我們應學會更聰明地運用自己的優缺點，既要利用自己女性的一面也要利用自己男性的一面。我記得六〇年代，當學校裡有個傢伙激怒了我們，我們就跟在他後面，用拳頭回擊了他。這樣一兩次之後，我們感到厭煩，而且打鬥之後，我們經常又會成為朋友。今天的孩子生氣後，往往只用「對與錯」的思維方式去思考問題，於是他們抽出槍，向別人射擊……這類事件在男孩與女孩身上都會發生。我們處在資訊時代，孩子應該比他們的父母更會「處世」，我們都應該學會運用資訊和情感讓自己變得更聰明。如前所述，我們應該首先向父母學習，因為再加上更多、更豐富的資訊，我們會比父母更聰明。

本書要獻給那些想使孩子更聰明、更富有、擁有更高財商的父母們。

第二章　你的孩子是天才嗎？

「有什麼新鮮事嗎？」我問一位幾年未曾謀面的朋友。

他立刻從錢包裡抽出一張他十一個月的女兒的照片給我看，臉上滿是驕傲，「她可聰明了，我簡直無法想像她怎麼能學東西學得那麼快！」之後的二十分鐘裡，這位驕傲的父親詳述了她出色的女兒正在學習的所有東西。直到最後他意識到自己的喋喋不休，抱歉地說：「對不起，但我就是以我女兒為榮，我就是好奇她為什麼這麼聰明，我相信她是個天才。」

這類驕傲的話語僅僅限於部分剛當上父母的人嗎？我可不這麼認為，至少我的經驗證明不是這樣的。如果說我對所有觀察過的父母都得出了一個結論的話，那就是他們對自己孩子學東西的速度都感到吃驚。我所遇到的每個剛當上爸爸或媽媽的人，都確信他或她的孩子是世界上最聰明的寶寶，甚至可能是個真正的天才。

對此我表示贊同，我認為所有的孩子都是與生俱來的天才，但在他們的成長過程中，有些孩子的天賦得到了發揮，而有些孩子的天賦似乎消失了，不是被扼殺就是被轉入了其他的方向。

雖然我和妻子沒有孩子，但新生嬰兒總是能吸引我們的目光。我喜歡看他們的眼睛，當我注視他們的眼睛的時候，我會感到他們也在用好奇的眼神回望我。我們很容易看到孩子們以跳躍式的方式在學習。

如果用量化的指標來形容，那就是他們在以指數的方式學習。他們的知識庫存每秒鐘都可能增加一倍，所有進入他們眼中的東西都是新奇、多彩的。這些新奇、多彩的東西被添入到他們的大腦資料庫中，不經過任何編輯，也不附帶任何條件，毫無偏見地被一一保存。他們置身於被稱為人生的新體驗中學習著。

有一天，我去一個朋友家，朋友正與三歲的女兒在游泳池中玩耍。當我朝游泳池走去時，他朝我喊道：「快看我女兒，她會成為奧運會游泳明星的。」我望過去，只見小女孩正奮力地划著水，雖幾近被水淹沒，卻仍然不停地游向以她為傲的父親。

我屏住呼吸看著，這個未帶任何救生用品的小姑娘很難將頭浮出水面換氣，但她還是奮力地划著水，向遠遠等在對岸的爸爸游去。直到看到她父親將她抱在懷裡，我才鬆了一口氣。

「真勇敢，妳將來一定會成為奧運游泳明星的。」父親對女兒說，我心中也滿懷這樣的希望。

令我驚奇的是僅僅在一週前，這個小女孩還很怕水。當她爸爸把她帶到游泳池邊時，她哭個不停，而眼前爸爸已稱她為「明日的奧運游泳明星」了。我認為，這就是呈指數跳躍式的學習。一般人認為只有天才才擁有這種能力，但實際上，每個孩子出生時都具備這種潛在的學習能力。

我父親相信所有的孩子生來具有天賦

我在《富爸爸，窮爸爸》一書中提到過，我的親生父親在六〇年代末七〇年代初曾任夏威夷教育長官，後來他以共和黨的身分競選副州長失敗後被迫辭職。我一直認為他的這個選擇不是一個明智的決定。他本想憑自己的良心做事，他對政府裡存在的腐敗現象深感不安，他想以自己的努力去改變教育體制。他認為如果能夠競選成功，他就能做一些事情來改革這個體制。

然而，當他得知自己可能無法獲勝之後，他四處奔波，利用競選的機會披露那些他認為應該予以糾正的事情。但正如我們所知道的，民眾有時並不總是投票給那些最誠實、最講真話的候選人。

我始終認為父親是個學術天才。他同時是一位求知欲很強的閱讀者、一位很棒的作家、一位充滿智慧的演說家和一位偉大的教師。上學時，他一直是優等生並擔任班長的職務。他先於同班同學從夏威夷大學畢業，並成為夏威夷歷史上最年輕的校長。他被保送到史丹佛大學、芝加哥大學和西北大學做碩士研究課題。八〇年代末，他當選為夏威夷州一百五十年來在公共教育方面最卓越的兩位教育者之一，並被授予榮譽博士學位。

儘管我稱他為「窮爸爸」，那是因為無論他賺多少錢，他總是入不敷出，但我仍以他為榮。他總是說：「我對錢不感興趣。」他還說：「我不會發財的。」這些話最終變成了現實，實現了他的自我預言。

許多人讀完《富爸爸，窮爸爸》一書後說：「我真希望自己在二十年前就讀過這本書。」還有些人說：「你為什麼不早點寫這本書？」我的回答是：「我要在父親過世後再寫。」出於對父親的尊重，我等了五年，我知道如果他在世時讀了這本書，一定會受到傷害。但我仍然認為，他是個活生生的教材，我們每個人都應該從中有所領悟。

在本書中，許多觀點都來自我的親生父親，例如孩子該怎樣學習以及為什麼孩子生來就具有天賦等等。下面這個故事講的是我的一位同班同學，他小時候被認為是天才。其實這也是在講為什麼我們每個人都被認為在某些方面具有天賦。

你的孩子財商高嗎？

當你說一個人智商高時，你所指的是什麼？你自己的智商水準如何？高智商能保證你獲得成功嗎？擁有高智商就一定會富有嗎？

四年級時，老師向全班同學宣佈：「同學們，我們應該感到驕傲，因為我們之中有一個天才。他是個非常有天分的孩子，因為他的智商很高。」然後她宣佈我的一個好朋友安德魯是她有史以來教過最聰明的孩子。在那之前，我們都叫安德魯「螞蟻安迪」，因為他個子很小，戴著一副黑框眼鏡，看上去就像隻小螞蟻。這之後我們就叫他「聰明螞蟻安迪」了。

因為不知道「智商」是什麼意思，我舉手問老師：「什麼是智商？」

老師猶豫了一下答道：「智商就是智力商數。」然後她用異樣的眼光掃過我，意思是：「這回你該知道什麼是智商了吧？」

但我還是不明白，所以我又舉起手。老師極力想對我視若無睹，但最後她還是不得不轉過身，拖長腔調問：「這回你的問題又是什麼？」

「嗯，您說智商代表智力商數，那麼什麼是智力商數？」

老師又猶豫了一下，不耐煩地說：「我告訴過你們，如果不明白，就要查字典，現在把字典拿出來，自己查一下智商的涵義。」

「好吧。」我皺了皺眉，意識到她也不清楚這個詞的涵義。如果她知道的話，她就會驕傲地告訴全班同學。因為以前凡是遇到她不知道的事情時，她也是從不承認自己不知道，只是讓我們自己去查字典。

在字典裡找到「智力商數」（Intelligence Quotient）這個詞後，我大聲地讀了出來：「名詞，用於表示一個人相關智力水平的數據，計算方法是透過一種標準測試得出的一個人的心理年齡除以生理年齡再乘以一百。」我念完這段話後，抬起頭說：「我還是不懂。」

老師顯然是被我激怒了，她提高嗓音說道：「你不懂是因為你不想懂，如果你實在弄不懂，就自己去研究清楚。」

「但是您認為這個很重要啊，如果您認為這個重要，至少您應該告訴我們那是什麼意思，還有為什麼智商很重要。」我毫不退縮。

這時，「螞蟻安迪」站起來說：「我來為大家解釋。」他走到教室前面，在黑板上寫下了這個公式：

$$\frac{18（\text{心理年齡}）}{10（\text{生理年齡}）} \times 100 = 180\ IQ$$

「大家說我是天才，是因為我只有十歲，可是測試結果證明，我已達到十八歲孩子的智力水準。」

教室內靜悄悄的，同學們都在思考剛才安迪寫在黑板上的公式。

「換句話說，如果隨著年齡增長，你的能力沒有增加，你的智商就會下降。」我說。

「這正是我要說的。」安迪說，「今天我也許是個天才，但假如我不努力，我的智商將會逐年下降，至少這個公式表達的就是這個意思。」

「所以，你今天是天才，明天就未必了。」我笑著說。

「很有意思，但的確如此，但我也根本不用擔心你會贏得了我。」安迪也笑著說。

「可以在課後試一試，」我回擊道，「棒球場見，看看誰的智商更高。」隨著我的笑聲，全班同學都笑了起來。「螞蟻安迪」是我最好的朋友，我們都知道雖然他很聰明，但他永遠也當不了運動員。然而即使他從不曾擊中或接住一個球，他仍是我們球隊的一員，這就是朋友。

你的財商有多高？

怎樣測定一個人的財商指數呢？是看他的薪水有多高、淨資產有多少，還是根據他開的車型、住的房子的大小來衡量呢？

很多年後，在「螞蟻安迪」是否為天才的討論很久以後，我問富爸爸「財商是什麼」，他不假思索地答道：「財商與你賺多少錢沒有關係，財商是測算你能留住多少錢，以及這些錢有多努力為你工作的指標。」

過了一段時間，他又補充了財商的概念。他曾說：「隨著年齡的增大，如果你的錢能夠不斷地給你買回更多的自由、幸福、健康和人生選擇的話，那麼就意味著你的財商在增加。」他解釋說，很多人隨著年齡增長賺到的錢愈來愈多，但是錢給他們帶來的自由卻愈來愈少，同時他們的帳單也是日益漸多。

擁有愈來愈多的帳單，意味著這個人要為支付這些帳單不得不更加辛苦地工作。富爸爸認為這是低財商。他還說有些人賺很多錢，但錢並沒有使他們變得更加快樂，這也是低財商的表現。「為什麼要為錢工作而且不快樂？」他說，「如果你必須為錢工作，那麼應該找一份使自己感到快樂的工作，這才是財務智商。」

關於健康，富爸爸說：「太多人為錢拚命工作並在這個過程中慢性自殺。為什麼辛勤工作反而會犧牲家庭與個人的精神和生理健康呢？這是因為人們沒有具備財務智商。」他還說：「沒有突然發作的心臟病。心臟病發作和其他疾病都和癌症一樣，都是日積月累而成的。多數疾病是由於長期缺乏鍛鍊、營養不良和生活不快樂造成的。這三種病因中，我認為缺少快樂是引發心臟病和其他疾病的最大原因。可是有太多的人認為辛勤工作遠比尋找歡樂、享受生命這美好的禮物更重要。」

關於人生選擇，富爸爸是這樣說的：「我知道坐飛機的頭等艙和坐經濟艙的人同時到達目的地，這不是我要討論的問題。我的問題是，你有自由選擇坐頭等艙還是經濟艙的能力嗎？許多坐經濟艙的人無法做這種選擇。」富爸爸在解釋財務智商提供給人們更多人生選擇時，是這樣說的：「金錢是一種力量，因為錢能提供給你更多的選擇機會。」隨著閱歷的豐富，富爸爸強調得愈來愈多的就是快樂。當他臨近生命的盡頭時，他擁有的金錢比他以前夢想的還多，但他反覆強調的是：「金錢不能使你快樂，不要認為你有錢後就一定會快樂。如果你在致富的過程中沒有感到快樂的話，就不要希望你富有之後會快樂起來。記住，不論你是窮人還是富人，都要讓自己快樂。」

讀過我其他書的朋友知道，富爸爸從不按傳統的財務方法衡量自己的財商，或者說，他從不將注意力放在他賺了多少錢、他的淨資產數或者他的投資組合的規模上。假如讓我來說他的財務智慧給他帶來了什麼，那就是自由。

他喜歡自由地選擇工作或不工作、選擇與誰在一起工作，他喜歡自由地選購他想要的東西而不必擔心價格。他熱愛健康、快樂和自由地進行生活的選擇，他熱愛自由並擁有捐助慈善機構的能力。他沒有抱怨政治家，也沒有表示出對改變體制的無能為力。相反，他使政治家願意接近他，而且會傾聽他的意見（因為政治家們希望他為競選捐款）。他喜歡這種控制他們的力量。

「他們打電話給我，我卻從不打給他們。每個政治家都想要窮人的選票，但卻從不聽他們的心聲，原因是他們支付不起。這是個悲劇。」他說。

富爸爸最喜歡的還是金錢帶給他的空閒時間。他願意花時間看著孩子們長大，去做他感興趣的專案，而不在意賺錢與否，所以富爸爸用時間而不是用金錢來衡量他的財商。他的晚年是最快樂的，因為他的大部分時間都被用來花錢而不是存錢。似乎作為一名慈善家把錢捐出去與他作為一個資本家賺錢，是同樣重要甚至是更加快樂的事情。他富裕、快樂、慷慨地生活著，更為重要的是，他的生活毫無拘束，自由自在，這就是他衡量財商的標準。

智慧是什麼？

身為教育長官和天才教師的窮爸爸，也就是我的親生父親，曾作過「螞蟻安迪」的家庭教師。安迪太聰明了，他應該上高中而不是待在五年級。他的父母受到來自各方面的壓力，大家都說安迪應該跳級，但他父母卻認為他應該與同年紀的人待在一起。因為我父親也是個學術天才，他只花了兩年時間就讀完了四年的大學課程，所以他理解安迪所經歷的事情並尊重他父母的想法，在很多方面他們的意見一致，他們都認為學術年齡沒有感情和生理的發展重要。我父親還認為安迪應該在感情和生理方面更加成熟，而不是去和比他年齡大一倍的孩子一起去上高中或者上大學。於是，安迪除了繼續和同年齡的孩子一起上小學外，他還會去找我父親向他學習請教。而我呢，則去富爸爸的辦公室開始了我的財務智慧的教育。

現在回想起這段往事我覺得非常有趣，兩個父親都承擔了教育孩子的使命，可是教的卻都是別人家的孩子。今天我非常高興地看到依然有許多家長自願教別人家的孩子體育、藝術、音樂、舞蹈、手工、商業技能等方面的知識，這使所有的成年人都成為了某一方面的教師。身為成年人，我們應該用行動而不是用語言教育孩子。老師宣佈安迪是高智商的天才時，她實際上也是在告訴我們，我們不是天才。我回家向爸爸詢問他對智慧的定義，他簡單地答道：「智慧就是辨別更加細微差異的能力。」

我站在那兒想了一會兒，還是不太明白他的意思，爸爸是個稱職的教師，他不會任我表情茫然地站在那裡而置之不理。果然，當他意識到我不明白他的回答時，就開始用十歲孩子的語言來講解。

「你知道『運動』一詞的含義嗎？」他問。

「當然知道，」我答道，「我就很喜歡運動。」

「很好，」他應道：「足球、高爾夫球和衝浪運動之間有什麼區別嗎？」

「當然有呀，」我激動地說，「而且有很大的區別。」

「好的，」爸爸又回到老師的方式上來，「這些區別就被稱為『差異』。」

「你是說『差異』實際上就是『區別』？」我問。

父親點點頭。

「所以我能說出的事物間的區別愈多，我就愈聰明？」我問。

「正確，」父親答道，「所以你比安迪的運動智商高，而安迪比你的學術智商高。換句話說，就是安迪讀書的能力強，而你的行動能力強，結果是在課堂上安迪學習得很輕鬆，而你在運動場上學得更輕鬆。安迪學歷史和科學學得快，而你學踢足球和學打棒球的速度很快。」

我靜靜地站了一會兒，爸爸是位好老師，他讓我充分理解了「差異」的含義。最後，我又回到話題上來：「那麼我就可以透過玩遊戲來學習，而安迪透過閱讀來學習。」

父親又點了點頭。他頓了一下說道：「我們現有的學校教育體制主要關注在學術天才，所以當我們說某人智商很高時，就意味著這個人有較高的學術智商。現在的智商測試法偏重於對人的語言智商的測試，或者說是偏重於對讀寫能力的測試。這樣，從技術角度來看，高智商的人就是能夠藉由閱讀快速學習的人，但這並不能衡量一個人的全部智力，因為這個智商測試法無法測量一個人的藝術智商、運動智商，甚而數學智商，但這些都是一些應該具備的知識。」

我繼續說道：「所以當老師說安迪是天才時，那只是說安迪透過閱讀方式進行學習的能力比我強，而我透過行動進行學習的能力比他強。」

「沒錯。」爸爸說。

漸漸地，我開始想把這些新的資訊運用到自己身上了。「那麼我就需要找到一種最適合自己的學習方式。」我說道。

爸爸點點頭說：「你們需要學習閱讀，但很顯然你透過動手進行學習比透過閱讀學習的速度要快。從另一個角度來說，安迪的問題是他善於讀書但卻不善於做事，也許他還會發現現實世界是個極難適應的地方，但他只要留在學術界，他就會感覺良好，這也是為什麼他在棒球場上不成功的原因。所以我認為你和你的朋友讓他留在球隊裡是件很了不起的事，你們在教他一些書本根本無法傳授給他的東西，不同領域的技能對於在現實世界取得成功是非常重要的。」

「安迪是個不錯的朋友，」我說，「但他寧願讀書也不願去打棒球，我則寧願玩棒球也不願讀書。所以他在學校裡學得更好，顯得更聰明。但這並不表示他真的比我聰明。他的高智商只是說他是一個透過閱讀方式學習的天才，那麼我也需要尋找一條最適合我的路，去發現更多的差異，我要學得更快。」

分而增

我的教育家爸爸笑了：「這是一種學習方式，能夠迅速地發現細微的差異，你就能快速地學習。同時要記住自然界的分而增規律。」他接著說：「就像細胞透過個體分裂而增殖一樣，智力也是如此。當我們把自己的所知一分為二時，智慧也隨之增加，如此這般，二分為四，四分為八……智力呈倍數增加。分而增，也叫量子學習法，而不是直線學習法。」

我點了點頭，明白要想學得好，就得學得快。「我剛開始玩棒球時，懂得的東西並不多。」我說，「但我很快發現了三振出局、全壘打等之間的區別，這就是你所講的智力在分裂或發現細微差異中得到了增進？」

「完全正確，」爸爸回答道，「而且你玩的次數愈多，你發現的新的、細微的差異就愈多。難道你沒有發現隨著你學的東西的增多，你也在提升嗎？」

「是的，」我說，「剛學打棒球時，我一個球也擊不中，現在我會短打、長打、擊線型球和全壘打，您知道嗎，我今年已打出三個全壘打了。」我驕傲地說。

「是的，我知道。」爸爸說，「我真為你驕傲。你知道很多人不知道短打和全壘打之間的區別嗎？他們對你剛才講的這些東西沒有任何概念，更別提玩了。」

「所以我的棒球智商很高。」我笑著說。

「可以說是非常高，」爸爸說，「就像安迪的學術智商很高一樣，可是他不會打棒球。」

「你是在告訴我，」我說，「安迪也許知道短打和全壘打的區別，但是假如他以此為生的話，他將一事無成。」

「這就是以學術智商論英雄的弊端。」我的教育家爸爸說：「通常學術智商很高的人在現實世界中過得並不太好。」

「為什麼會這樣？」我問道。

「這是個我也沒有找到答案的問題，我想可能是因為老師們只關注知識本身，而不注重將知識轉化為能力的結果吧。我認為還有一個原因是老師們總愛懲罰犯錯誤的人，可是假如你害怕犯錯誤，你就不敢去做任何事。教育界太看重做正確的事而害怕出錯了。實際上這很愚蠢，正是害怕犯錯誤阻止了人們去採取行動，但畢竟，我們是透過行動來學習的。誰都知道人類是在犯錯誤的過程中學習和進步的，但學校體制又在懲罰犯錯多的人。教育界有太多人告訴你，你需要去瞭解棒球，但他們自己卻根本不懂棒球。」

「所以當老師說安迪是天才時，就代表他比我好嗎？」

「不是的，」爸爸說，「但在學校，因為他的閱讀能力處於天才水平，他學習起來的確比你們輕鬆。不過在運動場上，你就比他學得快。如此而已。。」

「安迪擁有高智商，只能說明他在學校比我學得更輕鬆，但並不能說明我就學不會他所學的知識，」我希望得到更清晰的答案，「換句話說，假如我想學，我也能學會，是嗎？」

「是的。」爸爸說，「教育是一種態度。如果你對學習有一種正確的態度，你就會學得好；如果你帶著失敗者的態度去學習，你就什麼也學不會。」

我拿出一本破舊的棒球雜誌。「我喜歡讀這本雜誌，我能告訴你所有球員的得分情況、平均擊球數和薪資。但我一在教室裡讀這本雜誌，老師就沒收。」

「老師這樣做是對的，」爸爸說，「但她仍應該鼓勵你在放學後閱讀這本雜誌。」

我點點頭。我現在終於明白了為什麼老師說安迪的智商高了。最重要的是，我也知道了我怎樣才能學得最好，對我而言，先做後讀的辦法學習效果最好。但是如果不讓我親手去做一件事，我也就沒興趣讀書了，看來動手實踐是最適合我的學習方法，也是今後我將終生使用的學習方法。

如果我先嘗試某件事並發覺它很有趣的話，我就會很興奮地讀相關的書籍。可是如果我沒先動手試過，或只能在書本上見到它，我真的就沒什麼興趣，更別提想去讀有關的書了。雖然那年我只有十歲，但我已懂得很多東西，我關心的事物的廣度大大增加了。我要提高我的棒球智商，對我而言，練習就是最好的方式。除此之外，我還知道，如果我不持續訓練，「螞蟻安迪」就會取代我在球隊中的位置。

正是由於身為教育學家的父親給了我這樣的教育，我高中才得以畢業，並且能夠適應軍事院校的艱苦學習和近乎嚴酷的課程。透過這段談話，我瞭解到雖然我的學術智商不高，但這並不說明我不聰明，只說明我需要找到一條最適合我的學習之路。沒有和父親的這段談話，我可能高中就輟學了，因為我覺得學校總是慢吞吞的，令人厭煩，讓人提不起興趣。我對大多數必讀科目均無興趣可言，但我在此過程中居然發現了一條學習這些科目並透過考試的方法。促使我把書讀下去的原因還有，只有我拿到大學學位，獲得相應的基礎知識以後我才可能開始真正的教育。

有多少種不同的天賦？

早在八〇年代初，霍華德．嘉納寫了一本名為《7種ＩＱ》（Frames of Mind）的書。書中他列舉了七種不同的天賦如下：

語言天賦：這種天賦被現行教育體制作為測量一個人智商高低的標準，它反映了一個人天生的讀寫能力。因為它是人們收集和使用資訊最基本的方式之一，故而被人們認為是一種非常重要的智力形式。記者、作家、律師和教師多半擁有這種天賦。

數學天賦：這是一種處理數字形式的資料能力。顯然，數學家就具有此類天賦，而一名訓練有素的工程師則要同時具備語言天賦和數學天賦。

運動天賦：許多偉大的運動員和舞蹈家都具有此類天賦，這也是很多在學校裡學習不好的人具有的天賦。他們通常是透過行動進行學習的人，也可以說是「動手學習」一族。擁有此類天賦的人多成為機械師或進入建築業，這類人可能很喜歡木工課和烹飪課。換句話說，他們在觀察、感知和行動方面擁有天賦。設計賽車的人就應具備以上四種天賦。

空間感天賦：這是許多有很強創造力的人如藝術家和設計師擁有的天賦。一名建築師需要同時擁有以上三種天賦，因為該專業需要文字、數字和創造性設計三者的結合。

音樂天賦：這類天賦是指拿到樂器很快就能上手的人。他們可以聽到音樂就近乎神準地知道他們聽到的音符是什麼。擁有此種天賦的人在表演音樂時是最為快樂的，像是在交響樂或在一個搖滾樂團當中。

交際天賦：這類天才是指能輕鬆與人交流的人。擁有此種天賦的人多為具有魅力的傳媒工作者、大歌星、傳教士、政治家、演員、推銷員和演講家。

心智天賦：這類天賦又被稱為「情商」。比如說，當我們害怕或生氣時，我們的心理調節能力如何。通常，一個人不成功並非缺乏知識，而是因為害怕失敗。例如，有很多學習成績很好的人在實際生活中不盡如意，就是因為他們生活在對犯錯誤和失敗的恐懼之中。很多人賺不到錢也是因為他們對賠錢的恐懼超過了賺錢的快樂。

如果你想讓你的生活有一些變化，我推薦你閱讀丹尼爾．高曼的《ＥＱ：決定一生幸福與成就的永恆力量》（Emotional Intelligence）一書。書中，高曼提到了十六世紀荷蘭的人文學家伊拉斯謨（Erasmus）。伊拉斯謨認為，感性思維具有比理性思維大二十四倍的威力。

24：1

感性思維：理性思維

我很確定地說，我們中的大多數人都有感情戰勝理智的體驗，尤其是當我們如此恐懼而失去理智，或者是當我們說了一些我們知道永遠也不該說的話的時候。

我同意高曼關於心智智慧是所有天賦中最重要的天賦這一種說法。我認為心智天賦是控制自己對自己所說的話的能力。對我而言，就是控制自我；對你來說，就是控制你自己。

自從發現了以上這些不同類型的天賦之間的差異後，又有三十多種天賦被發現……相信我們關於天才的認識還會增加，因為我們一直在找尋細微差異。

在學校裡失敗的人

在學校裡，那些即使非常用功也學不好的人，通常缺乏很強的語言天賦。這類人無法藉由靜靜地坐著聽講或閱讀來學習，他們擁有的天賦在其他領域。

我的父親是位典型的語言型天才，所以他書讀得很好，文章寫得好，智商自然也很高；他還是一個很好的溝通者，這意味著他還擁有較強的交際天賦。

富爸爸則擁有上述天賦中的第二類天賦——數學天賦。他的語言天賦屬中等偏下，故而我認為這也是他不願意重回校園學習的原因。他也不擅長寫作和閱讀，但他是個極好的演講家。他的交際能力很強，在他手下有幾百名願意為他工作的員工。他從不害怕承擔風險，這表示他的心智天賦很高。換句話說，他對數字有敏銳的洞察力，而且敢於冒險，同時他還有能力創建人們樂於為之工作的公司。

我的親生父親擁有很多種天賦，但害怕賠錢是他的弱點。當他試著創辦自己的企業並把錢花光時，他驚慌失措，立刻又回去找了一份工作。一個大企業家，尤其是當他沒錢還要創辦企業時，必須具備的一種素質就是心智天賦。

那些跌倒了又爬起來的人正是喚醒了自身的心智天賦，或稱為「情商」的人，人們稱這種天賦為「毅力」或「決心」；當人們去做他們害怕做的事情的時候，他們是在喚醒他們的心智天賦，這時人們稱之為「膽量」和「勇氣」；當一個人犯了錯誤並運用心智天賦去承認錯誤、做出道歉時，這種天賦又被稱為「謙遜」。

為什麼有些人比較成功？

當我研究老虎伍茲的生涯時，我很輕易就看到他成為一名巨星的原因。要作一名好學生，要被史丹佛大學錄取，要成為最好的高爾夫球手，要成為一名有影響的明星，他必須是一個具有以上所有七種天賦的天才。所有的高爾夫球手都會告訴你，高爾夫比賽不僅需要充沛的體能，更為重要的是，它還需要強大的心智天賦。這也是為什麼許多人都說，高爾夫球賽實際上就是你與自己的比賽的原因。當你在電視上看到老虎伍茲時，你就知道為什麼他的廣告收入如此之高了。他還是一個極好的溝通者，當然這意味著他的交際天賦極高。他是一個非常有魅力、有說服力的媒體明星，他是全世界上千萬球迷心目中的英雄。既然如此，公司為什麼不請他來宣傳公司的產品呢？

二十世紀三〇年代末，卡內基研究所對成功人士的研究表示，技術專長在成功人士的成功因素中只占不到百分之十五的分量。比如說，一些醫生比另一些醫生成功，並不一定是因為他們上的學校不同或他們當中有誰更聰明。我們也都知道，在學校裡成績很好的人，當然也很聰明，但在現實世界中他們並不一定能夠做得很好。當你瞭解了以上七種不同的天賦之後，一個人成功或不成功的原因你也就清楚一二了。你還可以發現更多的差異，當然也包括智力基礎的差異。

卡內基研究所的研究報告還指出，導致一個人成功的百分之八十五的因素應歸結為「人事管理的技能」。這種交流的能力和與人相處的能力遠遠重要於技術技能。

美國就業、培訓和管理調查局的研究證實了卡內基研究所的觀點，他們調查了三千名雇主，詢問「當雇用職員時你最看重哪兩項技能」的問題，排在前六項的技能如下：

哥是個運動天才，他喜歡透過行動來學習、做事，給他一把螺絲起子，他就能修理東西。他還很善於與人溝通，願意與人交談並能夠促使他們互相幫助，我想這也是為什麼他後來選擇在捐血站工作的原因。他善於使神經緊張的人平靜下來，然後獻出鮮血以拯救他人。可以說我擁有良好的心智天賦，這使我能夠克服個人恐懼並採取行動，同時這也是我想成為一名企業家和一名投資家的原因。或者這也是我去參加海軍陸戰隊，駕駛戰鬥直升機去越南的原因。我已學會如何戰勝恐懼並把它轉化為動力。

我的父親非常聰明，他鼓勵他的孩子去發現各自的天賦，並尋找適合自己的學習方法。他知道他的每個孩子各不相同，天賦不同，學習方法也不同……雖然我們的父母是相同的。當他發現我對金錢這些他根本沒興趣的東西感興趣時，他就鼓勵我去找能夠教授我這些課程的老師。這就是為什麼我在九歲那年開始向富爸爸學習的原因。

雖然我的親生父親很尊重富爸爸，但他們對許多問題的意見不合。父親是一位教育學家，他深知如果一個孩子能對一門學科感興趣，那麼這個孩子就遇到了一個極好的發掘自身天賦的機會。他允許我去學習我感興趣的課程，雖然他自己並不特別喜歡這門課。當我在學校裡成績不好的時候，他並沒有煩躁不安，雖然他是這個教育體制內的官員。他知道儘管學校教育很重要，但卻不足以發掘所有孩子的天賦。

他知道如果孩子能學習他們感興趣的課程，他們就能發現自己的天賦並且最終獲得成功。他知道他的孩子都很聰明，他不斷地告訴我們雖然我們在學校的成績不好，但並不代表我們不聰明。爸爸是一位出色的老師，他知道教育的真正意義是發掘學生的天賦，而不是盲目地向學生灌輸知識。

保護孩子的天賦

父親希望能夠保護所有孩子的天賦，他知道學校體制只承認一種天賦，那就是語言天賦。他也知道一個孩子的個人天賦很可能被扼殺，尤其是當這個孩子由於智商低而被認為是沒有天賦時。他很擔心我，因為我好動而且不喜歡節奏慢的課程。他知道我注意力集中的時間短，這就有可能會在學校裡遇到麻煩。出於這個原因，他鼓勵我去參加各種活動並向富爸爸學習。他想讓我始終充滿活力並且能學習到令我感興趣的課程，從而確保在智商不高陰影下生活的我能保持一顆完整的自尊心。

如果在今天，我可能會被認為是有「注意力缺乏綜合症」（ADD, attention deficit disorder），而且會被強迫吃藥，目的是能夠讓我老老實實地坐在座位上學習自己不感興趣的課程。當人們問我什麼是ADD或懷疑自己是否也有「注意力缺乏綜合症」時，我告訴他們，我們中的很多人多多少少都有此症。如果我們沒有此症的話，電視台就只會播放一個頻道，而我們還是會坐在那裡，從頭到尾地收看。今天，ADD也被稱作「頻道衝擊」，當我們看煩一個頻道時，按一下搖控器，就可以看到自己更感興趣的東西了。遺憾的是，孩子們在學校裡可沒這麼自由。

龜兔賽跑

富爸爸最喜歡一個古老的寓言故事：龜兔賽跑。他常對孩子們說：「在學校裡有些孩子在某些方面的確比你們聰明，但別忘了龜兔賽跑的故事。」他說：「有些孩子雖然學得比你們快，但這並不意味著他們就一定能勝過你們。假如你們能按照自己的節奏堅持學下去，你們就會超過那些學得快但不能堅持學習的人。」

他還說：「在學校裡成績好的孩子並不能表示他們在現實生活裡就一定會成功。記住，真正的教育開始於你離開學校之時。」這是富爸爸鼓勵他的孩子們去做一名終生學習者的話，他自己也始終在身體力行。

你的智商會下降

有一件事在我看來非常明確，那就是對我而言，生活就是一種終生學習的經歷。就像兔子躺下去睡覺一樣，一些人在離開學校後就去睡覺了。在今天快速變化的世界裡，這種行為的代價是昂貴的。讓我們重溫一下智商的公式：

$$\frac{\text{心理年齡}}{\text{生理年齡}} \times 100 = \text{IQ（智商）}$$

按照上述公式，從技術角度來看，智商會隨著年齡的增加而逐步下降。當你赴高中同學會時，你常能看到昔日的「兔子正在路邊睡覺」。曾幾何時，他們被認為是「最可能成功的人」，但恰恰他們沒有成功。他們忘記了一生的教育在畢業之後還要繼續下去，並且是一個漫長的學習旅途。

發現孩子的天賦

「你的孩子是天才嗎？」我想是的，我希望你也是這麼想的。事實上，你的孩子可能擁有多種天賦。問題是，現行的教育體制只承認一種天才。假如你孩子的天賦不是為體制所認可的那種天賦，他就有可能會覺得自己在學校裡是笨學生而不是聰明學生了。更糟的是，孩子的天賦可能被這個體制忽視或傷害。我知道許多孩子在被迫與別的孩子比較後，認為自己不夠聰明。學校體制不是去發現每個孩子身上不同的天賦，而是把他們簡單地放在同一個標準下去比較。在感情上和精神上都認為自己不如別人聰明的孩子，早在還沒有離開學校前，就已經背上了沉重的生活包袱。對家長來說，只有在孩子小的時候，辨別孩子的自然稟賦所在，並因勢利導，因材施教，才能避免孩子受到「單一天賦」教育體制的限制。正如我父親對我們說過的那樣：「我們的學校體制只適於教一部分孩子，可是遺憾的是，所有的孩子都在這個教育體制下受教育。」

當有人問我是否認為所有的孩子都很聰明時，我說，「我從沒見過一個對學習不好奇、不興奮的嬰兒；我也從未見過一個被告知必須要去學習說話和走路的嬰兒；我更沒有見過在學走路時摔了跤的孩子拒絕爬起來，並且趴在地上說『我又失敗了，我想我永遠也學不會走路了』。我只見過站起來摔倒、站起來又摔倒，最後終於站起來，開始學會走路並學會跑步的孩子。孩子是天生對學習充滿熱情的新生命。遺憾的是，我卻碰到過太多厭倦學校、對學校不滿、有失敗感甚至發誓再也不回到學校的孩子。」

顯然對這些孩子來說，在從出生到學校教育結束的過程中，發生了一些事情阻礙了他們天生的對學習的熱情。窮爸爸說過：「父母最重要的工作就是留住孩子的天賦和他們對學習的熱情，尤其是當孩子不喜歡學校的時候。」

如果沒有窮爸爸對我的教育，我可能在高中畢業之前就離開學校了。本書用了相當多的篇幅介紹父親是如何留住我對學習的熱情。雖然我並不喜歡學校，但我還是留在了學校。雖然我從來不是一個學校裡的學術天才，父親卻透過鼓勵我、發掘我的天賦留住了我學習的熱情。

第三章　在給孩子金錢之前先給他力量

一天，我的同班同學里奇邀請我去他海濱的房子度週末，我興奮不已。里奇是學校裡最酷的男孩，每個人都想和他交朋友。現在我很榮幸被邀請到距離我家約五十公里遠的海濱別墅度假了。他家的別墅座落在幽靜的住宅區。

媽媽幫我整理好了行李，當里奇的爸媽來接我時，媽媽向他們表示了感謝。我簡直不敢相信，里奇有自己的船和許多好玩的玩具。我們從早玩到晚，直到他父母把我們送回家。我曬黑了，玩得筋疲力盡，異常興奮。

接下來的幾天，我在家裡和學校裡講的全是在海濱別墅度假的事情。我講有趣的事，講小船，講精美的食物，講美麗的海濱別墅。到了星期三，全家都聽煩了我的海濱週末。週四晚上，我問爸媽我們是否也能買一幢靠近里奇家海濱別墅的房子。終於，爸爸爆發了，顯然他已經聽夠了。

「整整四天，全家人的耳朵裡全是你在里奇家海濱別墅過週末的事情，我已經聽夠了。現在你居然想出讓我們去買海濱別墅，這是不可能的。難道你認為我會憑空變出錢嗎？我們不買奢華的海濱別墅是因為我們付不起，我還付不清帳單、買不起桌子上的食物呢！我早起摸黑辛勤地工作，還是付不清帳單，現在你竟然還要我們買海濱別墅、買小船。那好，我告訴你我付不起，我可沒有里奇父母那麼有錢，我只能供你吃穿。如果你想像里奇那樣過日子，就搬去和他們住在一起好了。」

夜深了，媽媽來到我的房間，輕輕關上身後的房門。在她手裡，有一個信封。她坐到我的床邊說道：「你爸爸的財務壓力很大。」我躺在黑暗的房間裡，心中卻波濤洶湧。當時我只有九歲，我已經有了悲哀、震驚、氣憤和失望交集的感覺。我並不想讓父親心煩，我知道家裡經濟拮据，我只是與家人一起分享一些快樂和美好的生活，一種金錢能買得到的生活，一種我們渴望已久的生活。

媽媽讓我看帳單，很多帳單上的數字都是紅色的。「我們在銀行的存款已經透支了，可是我們還有這麼多帳單要付，其中有些帳單已經過期兩個月了。」

「媽媽，我知道了。」我說，「我不想煩爸爸，我只想給你們講一些有趣的事情和快樂的事情，我只想和家人一起分享另一種的生活模式。」

媽媽用手輕撫著我的前額，將我的頭髮向後梳理著。「我知道你的好意，我也知道這件事使家裡人最近很不高興，但我們確實是窮人，我們不是富人而且可能永遠也當不上富人。」

「為什麼呢？」我問道，期望得到一些解釋。

「我們的帳單太多，你爸爸沒賺那麼多錢，而你奶奶也需要我們寄錢給他們。你爸爸今天剛收到他們的信，他很擔心，因為奶奶家的手頭也很緊。我們買不起里奇父母買的東西。」

「為什麼呢？」我問。

「我也不知道為什麼。」媽媽說，「我只知道我們付不起他們付得起的東西。現在閉上眼睛睡覺吧，明早你還要上學。如果你希望人生成功的話，你就要擁有良好的教育。你得到了良好的教育，你也許就會像里奇父母一樣富有了。」

「但爸爸受過良好的教育，你也是。」我回話說，「但我們為什麼不富有？為什麼我們會有這麼一大堆帳單，我真的不明白，」我激動地說，「我真的不明白。」

「別擔心，兒子，別擔心錢。你爸爸和我會處理好的。明早還要上學，好好睡吧。」

五〇年代末，我父親不得不放棄他在夏威夷大學的學位攻讀計畫，因為他有太多的帳單要付。他原計畫待在學校裡再獲得一個博士學位，但他有妻子和四個子女，帳單堆起來有一尺高。

接著媽媽病了，我病了，兩個姐姐病了，哥哥從牆上摔下來要送醫院。唯一不用進醫院接受治療的人就剩下父親了。於是他放棄了學業計畫，舉家遷到另一個島上，並應聘在夏威夷教育部督學助理的職位上開始了新的工作生涯。他最後接任了總督學一職並搬回了火奴魯魯。

這就是我們家有那麼多帳單的原因。我們要花很多年來付清一批帳單，但付清一批帳單後，我們就發現又欠了其他錢，這又讓我們重新回到了債務堆裡。

當我九歲遇到像里奇這樣的同學後，我知道我家和我許多同學家有很大的區別。在《富爸爸，窮爸爸》一書裡，我講過按街區分界線，我進了富孩子而不是窮孩子進的小學。一方面家裡債務如山，一方面結交著有錢的朋友，這對只有九歲的我來說，是我在人生道路上的轉捩點。

不是要靠錢才能賺錢嗎？

我常被問到的一個問題是：「不是用錢才能賺到錢嗎？」

「不是的。」我的回答是：「金錢來自你的觀念，因為金錢本身就是一種觀念。」

我常被問到的另一個問題是：「假如我沒錢投資，我該怎樣做？我還付不起帳單，我怎麼去投資？」

我的回答是：「我建議你要做的第一件事就是停止說『我付不起』這樣的話。」

我知道我的答案令很多人不滿，因為人們是在尋找快速賺錢過上好日子的答案，而我希望人們瞭解的是他們具備獲得他們想要的金錢的能力和力量，如果他們真的想得到的話。但這種力量不在於金錢本身，它存在於金錢之外，這種力量存在於每個人的觀念當中。好消息是獲得這種力量不需要花錢去買，而只需改變一些觀念。改變一些觀念，你就會獲得控制金錢的力量，而不是任由金錢來控制你。

富爸爸常說：「窮人之所以窮是因為他們只有窮的觀念。」他還說：「大多數窮人從他們父輩那裡得到有關金錢和生活的『窮』觀念，因為學校裡根本不教他們有關金錢的知識。於是這種金錢的錯誤觀念世代相傳，這個過程被不斷延續下去。」

富人不為錢工作

在《富爸爸，窮爸爸》一書中我曾經寫過，富爸爸給我上的第一課就是「富人不為錢工作」，他告訴我要讓錢為我工作。當我九歲的時候，我一直不明白為什麼里奇家比我們家富裕。幾年後我終於慢慢明白了，里奇家知道該怎樣讓錢為他們工作，他們甚至向孩子傳授這方面的知識。

今天，里奇仍是個富人而且他還會更加富有。無論我們何時見面，我們都是最好的朋友，我們的友誼已延續了四十多年。也許我們每五年才能見上一面，但每次見面都彷彿昨天還在一起。

我現在知道為什麼他家比我家富有的原因了，我看到他父母向他們的孩子傳達這樣的知識，這絕對不僅僅是給孩子錢那麼簡單，實際上他們傳遞的是控制金錢的力量。正是控制金錢的能力使人們富有並持續富有。我想用這本書傳遞給讀者控制金錢的力量，讓所有人能將這種力量傳遞給你的孩子。

在《富爸爸，窮爸爸》一書中，富爸爸拿走了我每小時十美分工錢的故事在讀者中引起了回響。

換句話說，富爸爸讓我免費為他工作。一位醫生朋友在讀完此書後給我打電話說：「當我看到富爸爸讓你為他的商店免費擦罐頭盒時，我身體裡的血都沸騰了。我知道你想說什麼，但我不同意，這太殘酷了。你必須付錢給別人，你不能期待別人免費為你工作，尤其是有其他人以此維生的情況下……」

富人不需要錢

富爸爸拿走我每小時十美分的薪水，是為了發掘我身上控制金錢的力量。他想讓我知道我沒錢也能賺錢，他想讓我發現創造金錢的力量而不是一味去為錢工作。富爸爸說：「如果你不需要錢，你就會賺到很多的錢。需要錢的人永遠也不會變富有，正是這種需求掠奪了你的力量。你必須努力工作並學會不需要錢。」

雖然他給其他孩子零用錢，但卻從不給他的兒子邁克額外的零用錢，他也不因為我們為他工作而付錢給我們。

他說：「給孩子零用錢就是在教孩子為錢工作而不是去創造錢。」

我並不是說你應該讓你的孩子去免費工作，也不是不讓你給孩子零用錢。我不會教你去如何對孩子講話，因為每個孩子都不同，環境也各不相同。

我要說的是金錢來自觀念。如果你真的想在孩子的人生之初培養他們的財務頭腦，就必須對你和你孩子的觀念提高警覺。「千里之行，始於足下」，更準確的說法應該是「千里之行，始於去行的想法」。可是在錢的問題上，很多人卻是以窮人或是限制他們人生發展的觀念，來開始他們的生活之旅。

應該在什麼時候開始給孩子有關金錢的教育？

經常有人問我：「我該在孩子多大的時候教他們有關金錢的知識？」

我的回答是：「當孩子對錢感興趣的時候。我有一個朋友，他有一個五歲大的兒子。假如我拿一張五美元的鈔票和一張二十美元的鈔票問他，你想要哪張，你們猜他會要哪張？」問我這個問題的人總會毫不猶豫地答道：「二十美元那張。」我說：「正確。看來即使五歲的孩子都知道五美元與二十美元的差別。」

富爸爸拿走了我每小時十美分的薪水，是因為我讓他教我如何致富。他並不是只教我和金錢有關的東西，我也不想只學和金錢有關的事情，我想學到致富的本領，這是我與其他孩子不同的地方。

假如一個孩子並不很想學致富，顯然課程就要不同了，畢竟人生應該有多種選擇，社會的價值取向允許差異的存在。富爸爸給他其他的幾個孩子零用錢的原因之一就是他們對致富不感興趣，所以他就給他們上不同的金錢課。雖然課程不同，富爸爸仍要教他們獲得金錢的力量，而不是把一生浪費在對金錢的需求上。正如富爸爸所說的：「你對金錢的需求愈多，你的力量就愈薄弱。」

九到十五歲之間

很多教育心理學家都告訴我，九到十五歲這一年齡層對孩子的發展十分重要。因為心理學並不是一門很精確的科學，所以不同的專家的說法有所不同。我不是兒童成長方面的專家，所以與其把我說的話作為一個普遍準則，倒不如聽聽專業人士是怎麼說的。我曾交談過的一位幼稚教育專家說，大約九歲起，孩子們開始想擺脫父母並尋求自己的觀點。我知道對我來說這是對的，因為我正是從九歲時開始跟富爸爸工作的，那時我想脫離父母的世界，尋找新的標準。

有一位專家說，在這個年齡段，孩子們各自發展出了被專家稱為「成功公式」的東西。這位專家把「成功公式」描述為孩子們如何在社會中最好地生存和成功的方法。我知道在我九歲時，學校不是我的「成功公式」的組成部分，尤其是當我的朋友安迪被宣佈為天才而我卻不是時。我認為我最有可能成為體育明星或成為富人，而不是像安迪和爸爸那樣在學術上成功的人。

換句話說，假如一個孩子認為他或她在學校裡很棒，他或她的「成功公式」就是待在學校直到拿到很高的學位；假如這個孩子在學校裡不行，或不喜歡學校，他或她就應該去尋找其他的公式。

這位專家就「成功公式」問題，還發表了一些引人注目的觀點。他說，當孩子實現成功的「成功公式」與父母不一致時，父母和孩子之間的矛盾就出現了。當父母欲把自己的「成功公式」強加於孩子身上而不優先尊重孩子的想法時，家庭問題也就開始出現了。因此，明智的父母需要密切關注並傾聽孩子自己的「成功公式」。

在本書的後面部分，還會提及更多涉及到孩子「成功公式」的重要性。但在我們繼續談給孩子控制金錢的力量之前，有必要首先提醒成年人應該注意的一些事情。

這位專家說，當許多成年人在日後的生活中意識到，他們教孩子的「成功公式」甚至沒有為自己帶來成功時，他們會深深地陷入痛苦之中。許多成年人會去找另一份工作或轉換職業；還有一些人試圖繼續讓這個公式發生作用，直到某一天他們理解它的確不管用。於是有些人陷入消極沮喪當中，認為自己的人生很失敗，他們不認為是他們的「成功公式」阻止了他們的成功。

換句話說，對自己「成功公式」滿意的人，一般都很快樂；厭煩自己「成功公式」的人生活變得不快樂，因為他們的「成功公式」不再帶給他們成功，他們意識到這個公式無法帶他們去想去的地方。

艾．邦迪的成功公式

有一個例子可以說明有些人的「成功公式」不再起作用。有一部電視劇「與孩子結婚」（Married with Children），起初我很討厭這個節目，不願意看它。但現在我理解我討厭這個節目是因為它太貼近生活。對那些不太熟悉這個節目的人，我簡要介紹一下內容：這個節目的男主角艾．邦迪上高中時是橄欖球明星，他因為在一場關鍵比賽中連續達陣四次而聲名大噪。他妻子是當時學校裡有名的校花，美麗動人的面容、輕盈健美的體態使她成為所有男生追求的目標，漂亮、性感構成了她「成功公式」的很大部分。因為艾迪是橄欖球明星，她從眾多的追求者中選中了艾迪，他們很快相愛了。不久他們有了孩子，於是他們結婚了，這部戲也因此得名：「與孩子結婚」。

二十年後，邦迪成為鞋子推銷商，他依舊沉浸在四次達陣的回憶中，總是按照一個光彩奪目的橄欖球明星的方式來思考、行動和談話，結果自然是鬧出了很多笑話。他的妻子則是整天穿戴成她高中時代年輕性感的樣子，卻待在家裡看電視。他們的兩個孩子又分別效仿了他們的父母。

這齣戲很幽默，同時讓我認識了我體內的「艾．邦迪」。我發現我就是一直生活在橄欖球場和海軍陸戰隊的輝煌中，同時我也看到現實生活中還有許多艾．邦迪和他的妻子們。這齣戲實際上是一個「成功公式」阻礙了繼續成功的實例。

擁有力量的成功公式

關於錢，許多人使用的是一個沒有任何力量可言的成功公式。換句話說，人們經常給自己開出有關金錢的失敗公式，之所以稱之為失敗公式，是因為這個公式沒有正確的和足夠的力量。看起來似乎很奇怪，但有的人的確總是賠錢，因為這個失敗公式是他們所知道的關於金錢的唯一公式。

例如，最近我碰到一個人，他正陷在他所憎惡的生活中。他替他父親經營一家汽車商店，收入很好，但他並不快樂。他討厭成為父親的員工，不願別人知道他是老闆的兒子，但他仍然待在那裡。

當我問他為什麼不選擇離開，他唯一的回答是：「我認為我無法自己開一家福特汽車商店，所以我最好還是堅持到老爸退休。何況，我賺的錢也不少。」他的成功公式是賺錢，但他卻不去證實如果他白手起家，將會多麼有力量。

另一個遺失成功公式的是我朋友的妻子，她非常喜歡自己的工作但收入並不理想。對此，她不是去透過學習新技能來改變公式，而是在週末去打零工並沒完沒了地抱怨沒有時間照顧孩子。顯然，她的公式是：「在我喜愛的崗位上工作並忍耐一切。」

尋找創造真正能贏的成功公式

父母最重要的事情之一就是幫助孩子創造真正能贏的成功公式，而且父母還應注意在做這一切時，不要干涉孩子的自我發展。

最近，一位在我們這個城市很有名的牧師打電話給我，問我能不能去他的教堂裡演講。我去教堂的次數時多時少，極不規則。我的家人常去基督教堂，但我十歲時，開始去別的教堂。這樣做是因為我正在學習美國憲法，對其中教堂與國家分離和宗教自由的說法深感興趣。

於是在學校裡，我會問同學去哪所教堂，然後我會單獨去那裡。這使我媽媽不太高興，於是我告訴她憲法允許我有宗教自由。幾年下來，我去過了所有我的同學們去過的教堂……去過了裝飾考究的教堂、簡單樸素的教堂、設在人們家裡的教堂，甚至還去過一個只有四根柱子、一片鉛皮屋頂、沒有牆壁的教堂，去體會坐在教堂裡被傾盆大雨澆透的感覺，而那一刻我也確實感到了神的存在。

我甚至還去過許多其他宗教派別的教堂或廟宇：路德教、新教、佛教、猶太教、天主教、回教和印度教。我還想去更多的教堂，但我住的城市太小了，我很快就去過了所有不同類型的教堂。我為我的體驗感到興奮，但到了十五歲，我對教堂的興趣開始減退，於是就去得愈來愈少了。

所以當湯姆・安德森牧師邀請我到他的教堂客座演講時，我真的為我去教堂的紀錄感到侷促和不好意思。

當我告訴他我去他的教堂演講不夠資格時，他說：「我不是讓你去講信仰，我想讓你去講有關金錢的內容。」

聽到這裡，我感到非常震驚，然後我呵呵地笑了起來，根本不相信自己的耳朵。我說：「你想讓我去教堂裡談金錢？」

「是的。」他聽出了我的疑慮，回答道：「我的請求讓你感到奇怪嗎？」

我又呵呵地笑起來，並再次重複了我的問題，「你想讓我去你的教堂，站在你站的聖壇上，對你的教徒們講金錢？」

這個牧師又答道：「是的，有什麼奇怪的嗎？」

我站在那裡有點不知所措，怎麼也想不明白這個有名的神職人員，擁有一千兩百名教徒的牧師到底想讓我去幹什麼。

「因為教堂裡讓我學到的是熱愛金錢是罪惡的，同時我還知道窮人比富人更常去教堂。在教堂裡駱駝、富人和針眼各有不同的訓示，但我從來弄不懂它們，並且我也不喜歡它們，因為我計畫成為一個富人。這就是我為什麼對你讓我去教堂告訴人們如何致富而感到奇怪的原因。」

此刻湯姆牧師在電話線的那頭笑著。「很好，我不知道你都去過哪些教堂，」他說，「但一定沒來過我的教堂。」

「難道還真有一些宗教組織不去傳授金錢就是罪惡這一觀念？」我問，「難道你不像其他人那樣認為窮人比富人更容易上天堂？」

「是的。」牧師答道，「不同的教堂教的東西也不一樣。在我的教堂裡我不教人們認為『金錢是罪惡的』，我所知道的是上帝對富人和窮人的愛是平等的。」

當湯姆．安德森牧師在繼續闡明他的思想時，我反思了我個人去教堂的經歷，和因為我想變富有而時時出現在腦海中的罪惡感。也許是我詮釋教義不準確，也許是我發現自己對金錢的熱愛，導致的罪惡感使我接受到的資訊失真，換句話說，因為我感到有罪，所以我聽到了讓我有罪惡感的資訊。當我詢問湯姆我的理解是否正確時，他說了一句話又使我沉思起來。

他說：「有時，一盎司的認知要用一噸的教育去改變。」

這句智慧之語深深地震撼了我，很長一段時間我都在考慮這句意味深長的話。三個月後，我到這個教堂裡演講。教徒們對我的演講的友好表示，幫助我改變了個人的那一盎司的認知。

一盎司比一噸

富爸爸常說：「別指望教窮人致富，你只能教一個富人致富。」

窮爸爸常說：「我永遠不會致富，我對金錢不感興趣。」他還喜歡說：「我付不起。」一直以來我都以為是因為他有很多醫藥費帳單要付，或者是因為他成年以後的生活的大部分時光，都是在財務窘境中掙扎才導致他這麼說，但現在我不這麼認為了，我知道是他的關於金錢的那一盎司的認知導致了他的財務問題。

父母最能影響孩子對人生的認知。

如前所述，我妻子和我沒有孩子，所以我不敢說要告訴父母們如何成為稱職父母。我寫的只是如何塑造孩子對於金錢的一盎司的認知。關於金錢，父母能夠做的最重要的事情就是影響孩子對金錢的認知。我希望家長給孩子的金錢認知是讓他們有力量控制金錢，而不是教他們如何去做金錢的奴隸。如富爸爸所說：「你愈需要錢，就愈缺乏控制金錢的力量。」

窮人未必出身寒門

許多窮人之所以窮，是因為他們在家裡所學到的就是如何成為一名窮人。當然人們也可能會從其他任何地方學到那一盎司窮人的感性認知，即使他們來自富裕的或者是中產階級家庭。在他們的生活道路上，有一些事情使他們產生並發展了讓他們貧困的觀念。我相信這也是我窮爸爸的經歷。

正如湯姆．安德森牧師所說，這需要用一噸的教育來改變認知。按照窮爸爸的情形，他努力工作，賺很多的錢，但即便有了一噸的錢，也不等同於一噸的教育，也很難改變他那一盎司錯誤的認知。

當我破產失去第一個公司時，我要做的最艱難的事就是保住我自己的感性認知。如果沒有富爸爸關於自我認知的課程，我真不知道是否能重新站起來並發展壯大。

今天，我的一些朋友破產了，儘管他們中的一些人後來在經濟上又翻過身來，但他們對自身經歷卻少有自知之明。這就是為什麼我要提醒家長注意保護孩子自我認知能力的原因。

這本書的許多內容是關於教育你的孩子如何擁有自我認知的能力，以便他們能承受生活中的磨練——無論那是財務上的、學業上的、職業上的還是其他方面的挫折。這本書將幫助你教導孩子恢復或擁有較強的財務自知力。如何保護我的自知力是兩個爸爸給我上的最重要的一課。當我退步時，一個爸爸教我如何在學業上有所成就，另一個爸爸則教我如何在財務方面變得更強大。

許多人在人生道路上不曾獲得較強的自知能力。我可以從他們說一些事情的話語中聽出來。例如：

- 我欠債太多，所以我不能停止工作。
- 如果停下來，我就付不起了。
- 如果我能再多賺點錢……
- 如果我沒孩子，生活就會更輕鬆。
- 我永遠都不會富有。
- 要是賠錢了，我可受不了。
- 我很想開始自己的業務，但我需要穩定的薪水。
- 當我還付不清帳單時，我怎麼能投資呢？
- 我將用家庭資產貸款來還清信用卡。
- 不是每個人都能成為富人。
- 我不在乎錢，錢對我來說並不重要。
- 如果上帝想讓我富有，他會給我錢的。

正如富爸爸所說：「你需要的錢愈多，你就愈缺乏力量。」許多人在學校裡成績很好，並找到了高薪工作，但是因為沒人教他們如何讓錢為他們工作，他們就會為錢辛勤工作並陷入長期債務。他們需要的錢愈多和需要的時間愈長，他們自知力的增長就愈不確定。

我的一些朋友就是職業學生。他們終生待在學校裡，不去找工作。我有個朋友已有兩個碩士學位和一個博士學位，他擁有的不只是一頓教育了，簡直就是十頓教育，但他仍在職業和財務上掙扎。我猜測這是那一盎司的認知還在作怪。要知道，純粹的知識並不足以真正使你變得富有。

錢不會使你富有

許多人賺錢期望能變富有，還有些人求得學位和好成績，期望能變聰明。我個人的任務是克服我貧乏的財務感性認知，和我不如別的孩子聰明的感覺——那是一種與別的孩子比較後才有的感覺。

換句話說，直到與有錢人家裡出來的孩子比較後我才知道我窮；直到與成績好的孩子比較後，我才知道我不聰明。

這就是為什麼本書題目為《富爸爸，富小孩》。我真誠地相信所有的孩子與生俱來都具備富有和聰明的潛質，只要屬於他們自己正確的感性認知能被加強且能不受學校、教堂、公司、媒體以及這個世界本身的一些東西的干擾。生活本身已經夠艱辛了，但假如你的自我認知是你不夠聰明和永遠不會富有，那麼你的生活將更加艱辛。因此父母最重要的職能就是塑造、培育和保護孩子那種與生俱來的自知力。

教成年人忘掉他們學過的東西

作為成年人的老師，我發現教一個富人更富和一個聰明人更聰明非常容易。但當你聽到以下內容時，去教一個人就很困難了。

- 如果我賠錢了，該怎麼辦？
- 但我已經擁有了安全而且有保障的工作。
- 免費工作！你什麼意思？你必須支付別人薪水！
- 不要陷入債務的困境中。
- 做個優秀的、勤奮工作的男人或女人並存些錢。
- 安全第一，不要冒險。
- 假如我成為富人，我就會變得貪婪而傲慢。
- 富人貪得無饜。
- 不要在餐桌上談錢。

・我對錢沒興趣。
・我付不起。
・這太貴了。

諸如以上的問題和言論來自個人內心深處的感性認知，我發現只有當我把上課的費用漲到幾百甚至幾千美元時，這些評論才會消失，使我可以從容地進行我的課程內容。

永遠別說「我付不起」

富爸爸不是一個受過訓練的心理治療專家，但他卻聰明地知道金錢就是一種觀念。

他不許我和他的兒子說「我付不起」之類的話，以幫助我們改變自己的感性認知。他希望我們說的是「我怎樣才能付得起」？我意識到如果我不停地說「我付不起」，就是在加強我成為一個窮人的感性認知；而說「我怎樣才能付得起」是在加強我成為一個富人的感性認知。我同樣建議你不要在你孩子的面前說「我付不起」。當孩子向你要錢時，你應該說：「列一張表，寫出你能做的十件合理合法的事，以便你不向我要錢就能支付得起你想要的東西。」

如果你分析這兩句話，你會看到「我怎樣才能付得起」開啟了你實現目標的思維，而「我付不起」則關閉了實現你的願望的任何可能之路。

正如我在書的開始所述，「教育」（Education）一詞來自拉丁文「educare」，意為「取出、抽出」。

簡單地分析我們的常用單字，我們就可以檢查自己的認知水平。假如我們想改變的話，改變我們的單字，我們就開始改變我們的自我認知能力了。所以只要提醒自己去說「我怎樣才能付得起」，就已經開始把富人的觀念放在自己的觀念裡了。說「我付不起」，就是在加強已有的窮人的觀念。

生活從感性認知開始

幾天前，一位記者採訪我時問道：「告訴我你是怎樣成為百萬富翁的？」

我答道：「創立公司和買不動產。」

記者說：「但不是每個人都能這麼做，我知道我就不行。告訴我該做些什麼才能成為百萬富翁？」

我說：「繼續你的工作，然後買不動產。」

但是記者又說：「不動產市場的價格太高了，我付不起，並且我也不想經營不動產，我還能做些什麼呢。」

我接著說道：「目前股市正熱，為什麼不投資一些股票？」

「股票市場風險太大，每天都有可能崩盤。我有妻子和孩子，還有帳單要付，所以我無法像你那樣承擔賠錢的損失。」

終於，我理解我在做富爸爸叫我不要做的事，我是在自己的感性認知基礎上，把答案給那些首先需要轉變感性認知的人。於是我停止回答並開始提問題：「告訴我你認為怎樣才能變成百萬富翁。」

他說：「我可以寫本書，而後像你那樣賣掉幾百萬冊。」

「很好！」我大聲地說，「你是個很好的作家，我認為這是個好主意。」

「但是如果我找不到一個代理商來代理我的書，我該怎麼辦？如果這個代理商拒絕了我，我又該怎麼辦？你知道，我以前寫過一本書，但沒人願意讀它。」記者回答道。他現在又在寫一個新的題目，但他的自我認知水平仍然沒什麼變化。

父母首先要做的最重要的事情，就是發展和保護孩子的自我認知能力。我們對其他人都會有些個人的認知，例如你可能認為這個人古怪、蠢笨、聰明或富有。我記得上高中時，我認為有個女孩子既自大又傲慢，所以每當我被她吸引時，我對她的看法就讓我不想約她出去。

然而有一天……在我與她談過話後，發現她既善良，又熱情，而且非常友好。我改變了對她的認知後，終於決定約她出去了。但她的回答是：「我真希望你能早點約我，我已經開始與傑瑞約會了，我們現在相處得很好。」這個故事的意義在於，正如我們對別人有認知一樣，我們經常也有對自己的認知——正如對別人的認知會改變一樣，人們的自我認知也會改變，但千萬不要太遲。

富裕和聰明只是感覺

身為教育官員的爸爸告訴我，幾年前在芝加哥學校系統內進行過一項著名的研究。教育學研究者抽取一組教師協助進行研究，這些教師被告知他們因其高超的教學能力而被錄取，他們還被告知，只有天才兒童才能被安排在他們的課堂裡，而且這些孩子和他們的父母都不知道這個試驗，因為研究者想瞭解如果孩子們不知道自己是天才時，會怎樣表現。

正如期望的一樣，教師們彙報說孩子們表現得非常好。老師們還說與孩子們待在一起非常愉快，他們希望能一直和這些孩子在一起。

這個調查其實有一個隱蔽之處，即老師們不知道自己實際上並沒有什麼非凡的教學能力，他們只是被隨機抽取的。當然，孩子們也是隨機抽取的，而不是因為他們有某種天賦。但是因為期望值高，故表現也超群，即孩子和老師都被認為是既聰明又優秀的，所以他們的表現也就優秀。

這意味著什麼呢？這意味著你對孩子的認知能極大地影響他們的生活結果。換句話說，你在孩子身上看到了天賦，你就會幫助孩子變得聰明。假如你教孩子擁有相同的認識，他們就會有極好的機會讓世界看到這份自我認知並獲得相應的對待。

對我而言，這正是你對孩子進行教育的最佳起步之處，這也是為什麼我說：「給孩子力量，在你給他們金錢之前。」幫助他們發展強有力的自我認知的能力，就是在幫助他們成為聰明孩子和富孩子。假如他們沒有這份自知的能力，那麼世界上所有的教育和金錢都幫不了他們。擁有了自知力，變得更聰明和更富有將會是件極為容易的事情。

兩位爸爸給我的禮物

我從我兩個父親那裡得到最好的禮物，都是在我最困難的時候。當我在高中想退學時，我的教師父親總是提醒我其實我很聰明。當我在財務上受到挫折時，富翁爸爸則不斷提醒我真正的富人會賠掉不止一家公司。他還說窮人只會賠最少的錢，但還生活在賠掉這一點點錢的極大恐懼中。

所以一個爸爸鼓勵我勇敢面對學業上的失敗並把它轉化為力量，另一個爸爸則鼓勵我勇敢面對財務損失並把它轉化為財務盈餘。雖然他們教我不同的課目，但兩個爸爸在許多方面都講述著同樣的東西。

當孩子認為自己最糟的時候，正是父母發現孩子最好一面的時候。你會意識到這不僅適用於小孩子，而且適用於大孩子。

當孩子的生活遇到麻煩時，作為父母也遇到了最大的機會，成為你的孩子最好的老師和朋友的機會到了。

第四章 如果你想致富，必須做「家庭作業」

我的父母和邁克的父母不斷地提醒我們要做家庭作業，不同之處在於他們所指的家庭作業的內容不同。

「做完家庭作業了嗎？」媽媽問。

「遊戲一完我就去做。」我答道。

「你玩的時間夠長了！馬上停止，把書拿出來。如果你成績不好，就上不了大學，找不到好工作。」她責備道。

「好，好，馬上結束遊戲，不過得等我再買一家旅館。」

「聽媽媽的話，把遊戲收起來。我知道你喜歡遊戲，但現在是學習時間。」

這是爸爸的聲音，聽起來不太高興。再討價還價也沒有用了，我趕快停下來把遊戲放到一邊。收起我花了幾個小時才賺到的小綠屋、紅旅館，真讓我心疼，我已經基本上控制住遊戲板的一邊了。但父母也是對的，因為明天有考試，但我還沒開始溫習呢！

我有一段時間完全被大富翁遊戲迷住了。從八歲到十四歲，我一直在玩它，直到我參加高中橄欖球隊為止。我想如果我發現有和我同齡的孩子還在玩這個遊戲，我還會一直玩下去的。但我已經上高中了，這可不是什麼挺酷的事。雖然我不再常玩這個遊戲，但我不會失去對它的熱愛。但長大後我是在現實生活中玩這個遊戲了。

富爸爸教我們搭建財富積木

當我擁有很強的、正確的自我認知能力後，另一項重要的工作就是做「家庭作業」。

在前幾本書中，我講述了從九歲到大學，我跟富爸爸學習金錢課程的歷程。作為勞動的交換，富爸爸每次會花幾個小時教他的兒子和我，關於公司運作的知識和成為投資者所必需的技巧。

許多個星期六，我多想與朋友們一起去衝浪或去做其他的運動，但我卻是坐在富爸爸的辦公室裡，向這個未來的夏威夷鉅富學習。

在一次課堂上，富爸爸問我和邁克：「為什麼我比為我工作的人富有？」

邁克和我大腦一片空白，仍然在努力尋找一個貼切的答案。這個問題看起來很愚蠢，但我們知道，富爸爸的問題一定蘊藏了極深的內涵。最後，我說出了那個顯而易見的答案：「因為你賺到的錢比他們多啊。」

「是啊，」邁克點頭表示同意，「你擁有公司，是你在決定你能拿多少錢和別人能賺多少錢。」

富爸爸靠在椅子上笑了。「是的，的確是我在決定每個人能賺多少錢。但事實上，我賺的薪水少於為我工作的許多員工。」

邁克和我吃驚地張大了嘴。「你擁有公司，其他人怎麼會賺的比你多？」邁克問。

「有幾個原因，」富爸爸答道。「想讓我告訴你們嗎？」

「當然囉。」邁克說。

「是這樣的。通常公司在創立之初，資金非常緊張，所以業主常常是最後一個被支付的人。」

「你是說員工被優先支付？」邁克問。

富爸爸點頭道：「正確。員工不僅會被優先支付，而且得到的錢會比我多，如果我也被支付的話。」

「但為什麼呢？」我問。「如果你最後被支付而且被支付得最少，為什麼你還要擁有公司呢？」

「因為這是一個業主需要做的事，如果你的計畫是創建一個成功的企業，你就要這樣做。」

「這不合理啊。」我答道，「那告訴我你為什麼要這麼做呢？」

「因為員工為錢而工作，而我是在建立資產。」富爸爸說。

「公司步入正軌後，你的收入也會上升？」邁克問。

「也許是，也許不是。我說這個是因為我想讓你們知道金錢和資產之間的差異。」富爸爸繼續說道。「以後我也許支付自己，也許不會，總之我不會為薪水而拚命工作。我努力工作的目的是建立能增值的資產。有一天我會把這個公司賣掉，賺到幾百萬美元，或者去聘一名經理替我經營，而我則會去創立另一家公司。」

「所以對你來說，創立公司就是建立資產，資產比錢更重要。」我說，並盡力去理解金錢和資產之間的差異。

「對，」富爸爸說，「我賺得較少的第二個原因是我還有其他的收入來源。」

「你是說你還從其他資產上賺錢？」我問。

富爸爸點了點頭。「這就是我首先問你們這個問題的原因，其實這就是不管別人的薪水有多高，而我總比我的員工富有的原因。我將盡力教你們這非常重要的一課。」

「這堂課是什麼呢？」邁克問。

「這堂課是你靠工作不會致富，但你在家裡卻能致富。」富爸爸堅定地說，以便我們不會對他的話掉以輕心。

「我不懂。」我說：「這是什麼意思？在家裡能致富？」

「是的，工作是你賺薪水的地方，而在家裡你能決定用你的錢去做什麼，也就是說你能運用你賺到的錢最後使你變富或變窮。」富爸爸說。

「就像家庭作業。」邁克說。

「是的，」富爸爸說，「我稱之為『使我致富的家庭作業』。」

「我爸爸也帶回家很多工作。」我幾乎是防禦性地說，「但我們仍然很窮。」

「是的，你爸爸帶回家的只是工作，他仍然沒有做我所說的『家庭作業』。」富爸爸說，「就像你媽媽做的家務，那也不是我所說的家庭作業。」

「比如收拾院子。」我加了一句。

富爸爸點點頭。「是的，家裡的家務、你帶回家的學校作業、你爸爸從辦公室帶回的工作和我講的那種家庭作業之間有很大的區別。」接著富爸爸說了以下這段我終生難忘的話：「富人、窮人和中產階級最基本的差別就是他們在業餘時間幹的事。」

富爸爸對他的兒子和我笑了一下。「你們認為這家餐廳的生意是從哪裡著手的？」他問，「你們認為這個生意是從天上掉下來的嗎？」

「不是的。」邁克說，「你和媽媽是在餐桌上開始討論這項業務的，你所有的生意都是從那裡開始的。」

「是這樣的，」富爸爸說，「你還記得幾年前我們開的第一個小商店嗎？」

邁克點頭道：「記得。那是在家裡最困難的時候，我們沒有什麼錢。」

「可是我們現在有多少家商店？」富爸爸問。

「五家。」邁克回答。

「有多少間餐廳？」

「七間。」

我坐在那裡聽著，並開始理解一些新的差異。「所以你從餐廳賺到較少的錢是因為你有其他的事業收入？」

「這只是部分答案。」富爸爸笑著說。「剩下的答案可以在大富翁遊戲裡發現。弄懂大富翁遊戲是你能做得最好的家庭作業。」

「大富翁？我好奇地問。我似乎聽到媽媽在命令我把大富翁遊戲放到一邊去做家庭作業的聲音。你是說大富翁遊戲就是家庭作業？」

「讓我做給你看。」當富爸爸打開這個世界上最有名的遊戲時，他說：「當你走到『進行』時，會發生什麼事？」

「你會收到兩百美元。」我答道。

「所以每次走到『進行』時，就像發薪水給你一樣，對嗎？」

「我想是的。」邁克說。

「要想贏這場遊戲，你們打算怎麼做？」富爸爸問。

「你的建議是購買不動產。」我說。

「對，」富爸爸說，「買不動產是你的家庭作業，而不是你的薪水，買不動產會使你致富。」

邁克和我靜靜地想了很長時間。終於我向富爸爸問道：「所以你說高額薪資並不能使你變富有？」

「是的，薪水不能使你變富有，但你用薪水所做的事情卻能使你成為窮人、富人或中產階級。」

「我不明白。」我說，「我爸爸總說如果他收入能再高一些，我們就會富有了。」

「大多數人都這麼想。」富爸爸說，「但事實上是大多數人錢賺得愈多，債務就愈重，所以他們不得不更辛苦地工作。」

「為什麼呢？」我問。

「這涉及到他們在家裡做的事，也就是他們在業餘時間幹什麼。」富爸爸說：「許多人賺到錢後，為錢制定了一個窮計畫或窮公式。」

「那麼人們在哪裡能找到獲取財富的好公式？」邁克問。

「獲取財富的好公式之一就在大富翁遊戲裡。」富爸爸邊說邊指了指旁邊的遊戲板。

「什麼公式？」我問。

「那麼你會怎樣贏這場遊戲？」富爸爸問。

「買幾塊地，然後在上面蓋房子。」邁克說。

「蓋幾座房子？」富爸爸問。

「四座。」我說，「四座綠房子。」

「很好。」富爸爸說，「有了四座綠房子後，你還想幹什麼？」

「把四座綠房子換成一家旅館。」我說。

「這就是獲得財富的公式之一。」富爸爸說，「在大富翁遊戲板上，你會找到世界上最好的財富公式，它使許多按方行事的人變得比夢想的還要富有。」

「開玩笑吧，」我不太相信地說，「不會這麼簡單。」

「就是這麼簡單。」富爸爸肯定地說：「幾年來，我把從公司賺到的錢用來買不動產，然後再用不動產的收入繼續創建公司。我從公司裡賺到的錢愈多，我投在不動產上的錢也就愈多，這就是許多人獲得財富的公式。」

「如果真這麼簡單，為什麼人們不去這麼做呢？」邁克問。

「因為他們不做『家庭作業』。」富爸爸說。

「這是唯一的財富公式嗎？」我問。

「不是的，」富爸爸說，「但它是幾個世紀以來為許多富人實踐過的行之有效的方法，它為古代的國王和王后效勞過，今天它仍起作用。區別在於今天你不必是貴族就能擁有土地。」

「你是在現實生活中玩大富翁遊戲嗎？」邁克問。

富爸爸點點頭，「許多年前，當我還是個孩子時，就開始玩大富翁遊戲了。那時我就決定我的財富計畫就是建立公司，然後讓公司為我買不動產，我的確也是這麼做的。即使我們錢很少時，我仍回到家裡做『家庭作業』尋找不動產。」

「一定要是不動產嗎？」我問。

「不一定，」富爸爸說，「但是你會逐漸理解公司和稅法的力量，你會明白為什麼不動產是最好的投資之一。」

「你還做哪些方面的投資？」邁克問。

「許多人喜歡股票和債券。」富爸爸說。

「你有股票和債券嗎？」我問。

「當然有，」富爸爸說，「但還是不動產最多。」

「為什麼呢？」我問。

「因為銀行家樂於給我貸款讓我去買不動產，但如果我要去買股票，他們會不太願意貸款給我。所以透過不動產方式，我可以使我的錢產生槓桿效應，並且稅法也對不動產投資有優惠規定，但是我們好像有點離題了。」

「我們的題目是什麼？」我問。

「我們的題目是你可以在家裡致富，而不是在工作中致富。」富爸爸說，「我真心希望你們能明白這一點，我不在意你們是去買不動產、股票亦或是債券，甚至建立企業，我只在意你們是否明白大多數人都不能在工作中致富，你們應該透過做『家庭作業』在家裡致富。」

「明白了。」我說，「但當你做完餐廳裡的工作後，你會去哪裡呢？」

「很高興你能這麼問。」富爸爸說，「來吧，咱們上車出去一趟，我會讓你們看看我工作後會去的地方。」

幾分鐘後我們面前出現了一大片土地，這片土地上蓋著一排排的房子。「這片地有二萬四千坪，是最好的不動產。」富爸爸邊說邊指著那片土地。

「最好的不動產？」我有些嘲諷地說。我雖然只有十二歲，但我也知道這裡是貧民窟。「這地方看起來挺可怕的。」

「讓我解釋一下。」富爸爸說，「如果把這些房子想成是大富翁遊戲中的綠房子，你們會看到什麼？」

邁克和我慢慢地點著頭，努力去展開想像的翅膀，但這房子無論如何也不可能跟大富翁遊戲中整潔的綠房子聯想在一起。「那麼紅色大飯店在哪裡？」我們異口同聲地問道。

「馬上就會有了，」富爸爸說，「只不過不是紅色的飯店，幾年後小城將會向這個方向拓展，市政府已經宣佈將在這塊地的旁邊建一個機場。」

「所以這些房子和土地會正好處於城市和機場之間？」我問。

「是的，」富爸爸說，「我會在適當的時間拆除所有出租房屋，並在這塊地上建造一個高科技園區。到那時，我就控制了這個城市最值錢的土地之一。」

「然後你會做什麼?」邁克問。

「我會按照同樣的方法,」富爸爸說,「去購買更多的綠房子並等時機成熟時,把它們變成紅飯店、高科技園區、公寓,或是這座城市在那個時候需要的任何東西。我不是個很聰明的人,但我會遵循一個成功的計畫一步步地走下去。我努力工作,我要做我的『家庭作業』。」

我和邁克十二歲時,富爸爸已開始向成為夏威夷最富有的人的目標進軍。他不僅購買了這塊土地,還買了一塊不錯的海濱地產,同樣也是運用這個思路。在他三十四歲那年,他努力使自己從一個沒沒無聞的商人變成有影響力的富有商人,而在這一趟過程中,他一直在做著他的「家庭作業」。

在《富爸爸,窮爸爸》一書中,富爸爸的第一課就是「富人不為錢工作」。相反,富人是讓錢為他們工作。我始終記著將大富翁遊戲的教導與富爸爸以及許多現實生活中的富人的經歷比較後對我產生的影響。他們的財富來自於富爸爸所說的「做家庭作業」。

對我而言,「財富是在家裡而不是工作中賺到的」觀念是我從富爸爸那裡汲取的最有力知識。我爸爸也帶回家很多工作,但他很少做自己的「家庭作業」。

一九七三年我剛從越南回來,就參加了一個電視廣告中介紹的不動產投資課程。這一堂課程的學費是三百八十五元美金,我妻子和我用在課上學到的知識購進不動產,不動產為我們帶來的收入使我們成為了百萬富翁,使我們獲得了財務自由。三百八十五美元的課程帶給我的收益遠甚於金錢本身。

我從課堂上學到的知識給我和我妻子帶來的啟示遠比工作保障更重要，它帶領我們達到財務安全、實現財務自由。我們一方面在工作中努力，但同時我們也堅持做自己的「家庭作業」。

當富爸爸與邁克和我一起玩大富翁遊戲時曾說：「你不會在工作中致富，但能夠在家中致富。」

玩遊戲需要不只一種天賦

學校體制主要側重於語言天賦的培養。前面，我也討論過假如孩子的天賦不是語言天賦，即傳統用於測量智商的天賦，他們會面臨什麼樣的挑戰。在學校裡，我自己的聽、讀、寫的能力及參加考試的能力都不行，所以坐在教室裡對我來說真是一件痛苦的事情。今天我仍會被稱為「過動症」，可在運用體能、交際、自控、數字和空間天賦時，我就能有極好的表現。

換句話說，當需要用不止一種天賦學習時，我能學得最好。在一個小組中工作、討論，與其他人合作、競爭，一起分享快樂是我的最佳學習途徑，雖然我也可以閱讀也可以寫作，但是閱讀和寫作是令我頭疼的吸收和發送資訊的方式。這就是為什麼學校令我痛苦，以及我現在仍像孩子一樣喜歡遊戲，而且成年後還愛不釋手的原因。

學習玩遊戲以及從中取勝需要不止一種天賦，對某些孩子來說，遊戲是比站在教室前面講課的老師更好的老師。

而且我不喜歡坐在狹窄的教室裡，今天我仍拒絕坐在辦公室裡辦公。我常聽人說：「總有一天我會擁有一個邊間辦公室，兩邊是落地的玻璃窗。」但我從不想坐在辦公室裡。我擁有辦公大樓，但是裡面沒有我的辦公室。假如要開會，我會使用公司會議室和餐廳。我不喜歡像孩提時被限制的感覺，今天仍舊無法忍受。讓我能坐在房子裡的最好的方法是玩遊戲，今天我工作而且仍在玩遊戲，只不過現在是用真錢在玩大富翁遊戲。玩遊戲是我學習的最好方式。

當我的親生父親看到我對遊戲和運動的喜愛後，他意識到我藉由動手來學習比藉由聽講能學得更好。

他知道在一所真正的學術性大學裡我不可能是最出色的。當他意識到我是個活動型學習者時，他開始鼓勵我找一所藉由行動而不是聽講來教育學生的學校，這就是為什麼我會申請美國海軍軍事學院和美國船舶學院並被錄取。我申請的這些學校會讓我坐上船到全世界各地去學習。在船上，我學習成為船員的知識，畢業後，我參加了海軍陸戰隊學習飛行。我喜歡這一切，喜歡在船上學習，喜歡在飛機裡學習。

我之所以能夠忍受在那樣狹窄的房間裡工作，是因為我能夠親身學習駕駛與飛行。我能在其中學習是因為我喜歡這種學習方式，當我有學習的意願時，我就能努力學習，從不感到厭倦並能取得好成績。

好成績意味著我能做更多令人興奮的事情，能航行或飛行到大溪地、日本、阿拉斯加、澳洲、紐西蘭、歐洲、南美洲、非洲等很多地方，當然還有越南。

如果爸爸沒有告訴我還有不同的學習方式，我可能會退學。我也許會選擇一所正式的課堂型教育的學校，然後感到厭倦，熱衷於聚會，最後發展到不去上學。

我憎惡被限制，憎惡被搞得沒有興趣或被迫聽講，憎惡學習我無法看到、感覺到和觸摸到的課目。

爸爸是個語言天才，他也很明白他的孩子不是這類天才，即使身為教育官員，他也很少斥責他的孩子學習不好，因為他知道他的四個孩子是在按照不同的方式學習。他不但沒有批評我們成績不好，相反地，他還鼓勵我們發現我們能自然地學得最好的方式。

爸爸知道我在學習結束時需要刺激和獎勵，他知道我好勝且有反叛意識，絕不會盲從他「去上學」的命令，因為要讓我這麼做需要理由。

他很明智，所以他知道對我說「去上學，得好成績以便你能找個好工作並坐在辦公室裡辦公」絕不能激發我對學校的熱情。

總之，他知道我需要學習我想學的東西，並能按照我學得最好的方式去學習，在學習結束時還得有令人激動的獎勵。他幫助我明白這一切，雖然他不喜歡我和富爸爸花幾個小時玩大富翁遊戲，但他還是知道我玩遊戲的目的是為了獲得遊戲中的獎勵。

他知道從中我能看到我的未來，所以他說：「去上學，看世界，你會在全世界玩大富翁。我沒有力量送你到世界各地，但是假如你能進入一所能到全世界學習的學校，你一定會高興學習的。」

爸爸也許沒有意識到他的話會深入我的思想，但事實卻是這樣。對他來說，環遊全世界去玩大富翁毫無意義，可是一旦他發現我對這個主意全然接受時，他開始鼓勵我，因為他發現這其中有些事情讓我感興趣。

他甚至開始願意讓我玩大富翁了，雖然他根本不能理解在全世界投資不動產這樣的想法，因為這不是他的世界，可他看到這將成為我的世界的一部分。自從我有了大富翁遊戲後，他開始帶回家很多介紹大海和環遊世界的書。

所以到了後來，身為學校教師的爸爸不再介意我玩這個遊戲，因為他知道我不僅是為了好玩，在玩的過程中我可以與我想學的課程結合起來。他發現我努力學習並期望得到的獎勵是環遊世界，並在現實生活中玩大富翁。他覺得這是孩童不成熟的認知，但這個認知讓我興奮，爸爸知道當我玩大富翁時，我在遊戲結束時看到了一些我的未來。他看不到，但他知道我能看到，於是他利用我能看到的東西或開始看到的東西作為刺激，把我留在學校裡並使我努力學習。

今天我環遊世界並在現實生活中玩大富翁遊戲，雖然我閱讀和寫作的能力並不強，但是我還是去讀去寫了，因為身為學校老師的父親明智地找到並利用我感興趣的課程讓我學習，而不是強迫我去學習我毫無興趣的課程。

成功公式

我從大富翁遊戲中學到的最重要的東西是我的成功公式，我知道我所要做的全部事情，就是買四座綠房子並把它們換成紅色飯店。我不知道我的做法會有多麼特別，但我必須做到，至少那時我的個人認知是如此。換句話說，在九到十五歲之間，我發現我和「螞蟻安迪」不是同一類人。

當我發現了大富翁遊戲上的公式，並看到現實中富爸爸的綠房子後，我找到了適合我的成功公式。我知道窮爸爸的為工作保障而學習、努力工作以及整天坐在辦公室裡的公式不適合我，所以應該說這是好消息。

但正如我說過的，硬幣都有正反兩面，壞消息是那時我只有十五歲，「如果你不努力學習，獲得好成績，找到好工作，你就不會成功」的威脅，絲毫不能刺激我去學我不想學的課程，所以我的學習成績變得很糟糕。

今天，當我看到孩子們不及格的考試分數時，我確信，學習目的和學習動機的缺乏，曾經影響過我，也在影響著今天的孩子。孩子們並不笨，事實上，孩子們對現實生活的認識遠勝於許多成年人。學校體制很難教育他們的另一個原因是沒有給他們令人興奮的理由去待在學校裡努力學習。

我相信假如孩子們在一年級就開始玩大富翁，然後問他們中有幾個人想參加「畢業時誰想成為百萬富翁」的課程，他們會感興趣去學習的。如果一個孩子真想成為百萬富翁，你就要教授他我還是一個孩子時學過的課程。孩子或許真的願意去學，因為課程結束時的獎勵令人激動，並且那的確是值得學習的課程。

好消息是我透過玩大富翁發現了我自己的成功公式。在遊戲結束時，我看到了我的未來，一旦我知道我可以做到，我就確立了想成為百萬富翁的目標。對我而言，那是令人激動的事情，我願意透過任何必要的學習來實現這個目標。

而且不僅僅是變得富有，我還可以看到我的未來充滿財務安全和財務自由，我不需要擁有一份有保障的工作，或依靠公司、政府來照顧我的生活，在十五歲時，我知道我會富有，不只是想，而是知道。

當我知道這一切後，我的自我認知開始高漲，我知道即使我成績不好，上不了好學校，找不到好工作，我仍然會富有。

壞消息是這種自我認知令我在焦慮不安中成長。如果不是身為學校教師的爸爸和富爸爸鼓勵我留在學校直到拿到大學學位，我也許早就輟學了。

我非常感謝父親、富爸爸和一些高中老師，在我人生非常困難的時候，他們沒有一味地斥責我，借助他們的幫助，我找到了一條待在學校並成為好學生的道路。他們幫助我找到怎樣才能學得最好的學習方式，而沒有強迫我按學校體制規定的學習方式來學習。

父親看到我透過動手比透過閱讀和寫作能更好地學習，他點燃了我的環遊世界之夢，並且把這些夢與大富翁遊戲結合在一起。

不僅如此，他還找到了鼓勵我留在學校的辦法，並幫我選擇了一所最適合我的學習方式的學校。他不在意我的成績，或我是否能考進需要較高智商的名校，他所關心的是我是否留在了學校，上了大學，尤為重要的是，還能不斷地學習。換句話說，父親做完了他的家庭作業。

富爸爸教我從大富翁遊戲中汲取不同的東西，他教會我富人的成功公式。他透過讓我理解我能在生活的遊戲中取勝而改變我的自我認知，即使我在學校裡並不優秀或找不到高薪工作。他向我展示了他的成功公式，一個對我的人生也適用的成功公式。換句話說，富爸爸也完成了他的家庭作業，正如他常說的那樣：「你不會在工作中致富，而會藉由做家庭作業致富。」

教育富有而且聰明的孩子

二〇〇〇年初，一家著名的直銷公司請我去上一堂他們稱為「下一代」的投資課。我很好奇這個「下一代」是什麼意思，他們告訴我，那是一些孩子，這些孩子的父母都是在直銷業很成功的人士。我問為什麼需要讓這些孩子學習投資，回答是：「因為其中的大多數孩子都會從我們那裡繼承幾百萬美元，有的還可能是上億美元，我們一直在教他們管理公司的技能，但我們也需要你來教他們投資的技能。」聽了這個回答，我知道為什麼我會被邀請來上課了。

在一個位於高山上的滑雪俱樂部，我花了兩天時間為七十五個年齡在十五到三十五歲之間的年輕人講投資的重要性，沒人問「我去哪兒找錢進行投資」之類的問題。正如富爸爸所說：「有兩種金錢問題，一種是沒有足夠的錢，另一種是錢太多。」這些年輕人碰到的是第二種問題。

在課堂的第二天，我開始注意到這些年輕人的不同。他們不像我以前碰到過的許多年輕人，即使十幾歲的孩子都能展開如金錢、公司和投資的討論，而這些討論本應發生在成年人與成年人，而不是成年人與少年之間。我的年齡足以作他們的父親，但我覺得坐在會議桌子對面的人是我的同事，隨後我意識到這些年輕人是在公司的氛圍中長大，或許他們中許多人接觸到的現金流量和投資組合比我的還大。

對我而言，這些年輕人已相當富有，但我沒有在他們身上看到愚蠢的傲慢，趾高氣揚或者我在有些年輕人身上看到的孤獨。他們都很謙虛，我發現他們當中許多人是在父母的家中或父母的公司中長大的，這使他們不僅能與成年人友好相處，還能隨意地談論金錢和公司。

我以前還看到過類似的年輕人，有的僅有十四歲，站在四萬人前面的講臺上，進行鼓舞人心的演講。要知道我直到三十七歲的時候才敢站在講臺上演講，而且講得令人昏昏欲睡。

當我坐車下山去機場時，我體會到我最好的朋友邁克和我為了獲得這一相同的經歷付出了很多。

我想起他在大學時學得很苦，因為在商學院學習結束後的獎勵是他將接管價值幾億美元的公司。我意識到我是兩位父親的受益者，他們在家裡工作，留出時間教我和邁克日後能用於現實生活中的生活技能。

當我與人談起建立家庭企業時，當然這可以是一個網路行銷公司，亦或是自己創辦的特許經營企業，或是自己創辦的其他任何形式的企業，我會提到我在山上認識的那些年輕人。

家庭企業的益處遠不止於額外的收入源和稅收減免，它的好處不可估量。

對一些有孩子的人來說，家庭企業是他們做家庭作業和教孩子做家庭作業的地方，正如富爸爸所說：「你不會在工作中致富，你只能在家中致富。」這裡所說的財富遠不止是金錢。

回顧歷史，一些最富有的人都是藉由在家中創業致富的：

亨利．福特是在他的車庫裡創業的，惠普也是在車庫裡創辦的；邁克爾．戴爾在寢室裡開始創業；桑德斯上校是直到要在他餐館的位置上修建一條高速公路，使他不得不放棄生意時才開始他的事業的。

順便提一句，桌遊「現金流」是在我的餐桌上發明出來的。《富爸爸，窮爸爸》這本書最初也是我在山上的小屋裡寫的。但我仍沒有辦公室，因為直到今天，我還是不喜歡被侷限在一塊小的空間裡。

我按照在兩個爸爸幫助下學到的成功公式進行自己的生活——環遊世界和用真錢玩大富翁遊戲。換句話說，我仍在做我的「家庭作業」。

第五章 你的孩子需要多少種成功公式？

反思富爸爸和窮爸爸的人生之路，我開始意識到前者比後者更成功，僅僅是因為前者有更多的成功公式。

我的一個朋友最近打電話給我徵求建議，阿德里安在九〇年初被裁員之前，已在一家大公司工作了很多年，她總想鼓足勇氣創辦一家自己的公司，於是就用多年的積蓄和原先公司支付的遣散費買了一家旅行代理的特許經營權。就在她開始招攬生意時，航空公司取消了付給旅行代理商出售機票的傭金。以前他們在一張機票上能賺到八百美元的傭金，而現在航空公司只付給她不到一百美元甚至還低於五十美元的費用。現在她面臨著關掉旅行代理社的境況，但這次她已用光了儲蓄，更不會從自己的公司裡收到資遣費。她的特許經營權可以出售，但其價值由於航線收入的減少而大大降低了。

我相信阿德里安在晚年仍苦苦掙扎的原因，是她沒有為自己的一生準備好足夠的成功公式。阿德里安也不是我見過的唯一僅僅因為缺乏成功公式而苦苦掙扎的人。許多人在學校裡學得很好，但在離開時卻沒準備好在生活中成功的成功公式。下面幾章是寫給家長們的，以幫助孩子們準備好足夠的、能在人生遊戲中成功的成功公式。

你的孩子需要至少三個成功公式

一個孩子要在一生中達到職業和財務的成功，需要學習三種基本的成功公式：

1. 學習成功公式
2. 職業成功公式
3. 財務成功公式

發現你孩子的學習成功公式

我的朋友阿德里安在學校裡很成功，她是一個快速學習者，在學校裡她發現讀、寫和算術都很容易。阿德里安輕鬆讀完大學並獲得了文學學士學位。因為阿德里安在學校裡很順利，所以她喜歡學校，這也是她的正向人生經歷。正因為她的學校經歷很正面，我建議她關掉旅行社並重回學校學習新的成功公式。她在五十三歲時重返校園，去重修學分以便能去申請法學院。

阿德里安這個例子可以說明我爸爸的觀點：不同的人有不同的學習成功公式。當阿德里安的學習成功公式在她自己身上產生效果時，對我卻可能不適用，我不喜歡學校，我懷疑是否我還可以重新回到正規的學校。

創建成功的學習成功公式

從出生到大約十五歲這段時間是非常重要的，因為這段時間正是孩子形成自己學習成功公式的時候。如果孩子在學校裡感到快樂，學習輕鬆且成績優異，那麼他就形成了一個可行的成功公式。但是如果孩子在學校學習讀寫有困難，這或許是因為他們的語言天賦不強，或是有其他的原因。從那時起，他們的學校生活就痛苦了。倘若孩子早年在學校裡遇到困難，或者他們感到自己不如別的孩子聰明，他們通常會失去自尊並且對學校的態度冷漠。孩子可能會覺得自己「笨」，並認為無法在這種教育體制下生存。他們開始被貼上試圖說明他們是有缺陷的標籤，如患有「注意力缺乏綜合症」，或用有「遲緩」字的詞來代替應有的「天才」、「聰明」或「天賦」。作為成年人，我尚且憎恨被人稱為「笨人」或有低人一等的感覺，那麼一個十二歲或更小的孩子被這樣認為後會怎麼想？試想一下，這會給孩子在精神、情感和心理上帶來什麼樣的影響。

學業等級制是讓孩子們感到學業上缺少安全感的另一個原因。在鐘型曲線的評分體制裡，如果有十個孩子，兩個會在曲線的上方，兩個在底部，其餘六個在中間。按照學校的能力測試法，我總排在前兩名，可是成績卻是倒數的百分之二。對於這種評價學生的鐘型曲線法，身為學校教師的爸爸常說：「學校體制與其說是教育體制，倒不如說是清除體制。」作為家長，他的工作就是保護我在精神和情感上的安全感，使我不受到這個體制的清除。

九歲時的變化

魯道夫．史代納（Rudolf Steiner）是一位有名又很有爭議的教育學家，他的教育哲學被運用於眾多的魯道夫學校當中。魯道夫學校（又稱華德福學校）據稱是一個今天在全世界正快速發展的學校系統。史代納演說和學術著作的核心就是他稱之為「九歲的變化」的東西。他發現，孩子們在九歲時開始與父母的世界觀出現分歧並開始尋找自己的人生觀。史代納還發現這段時期孩子們感到非常孤獨，即認識上的孤獨時期，孩子們開始去尋找自己的「我」而不是作為一個家庭的「我們」。在這一時期，孩子需要學習實際的生存本領。出於這個原因，魯道夫學校中這個年齡的孩子會被教授在花園裡耕種、搭帳蓬、烤麵包和諸如此類的技藝。他們學這些技能並不是作為未來的職業，相反，學習的目的是讓他們知道能靠自己的能力生存。孩子需要知道的是在尋找自我認知的時期，首先應該生存，如果他們無法在這一時期發展一種個人對於安全的意識，其結果將會極大地影響孩子們對未來人生的定向和選擇。

顯然，每個孩子對這場認識危機的反應是不同的，所以家長的細心觀察和敏感十分重要，擁有三十個孩子的老師，不可能意識到孩子們在此生活一階段各不相同的選擇和需要。

窮爸爸並不瞭解魯道夫．史代納的工作，但他清楚地知道這一成長階段對孩子一生的影響。當他看到我在學校裡不順利，安迪被老師稱作天才，而我不是天才學生但還要是「螞蟻安迪」的朋友，他開始觀察我並找機會與我在一起，對我進行指導。他鼓勵我多參與運動，因為他知道安迪善於透過閱讀學習，而我需要透過行動來學習。他想讓我知道按照我自己的方式，我也能完成學業。他想讓我找到一種方式保持我在學校裡的自信，即使這是透過運動獲得，而不是完全屬於學業上的自信。

在同一時期，我的家庭也面臨著經濟的問題。我猜想爸爸意識到他在賺錢方面的無能對我有所影響，他知道我常在回家後發現媽媽面對我們不得不支付的帳單發愁。我想他知道我可能需要尋找與他不同的世界觀，而且也的確如此。九歲時我開始跟富爸爸學習。回想起來，我是在找尋一條自己的路，希望藉此幫助我的家庭度過這段艱難的時光。我確定我要尋找一種不同於父母的思想的新觀念。

阿德里安的公式與我的公式

因為阿德里安在學校的經歷是正面的，所以不難理解為什麼她願意重回校園去學習一種新的職業技能。我的學習方式就不同了。九歲時，我的學習方式是尋找一位導師並透過行動來學習。今天，我仍在尋找能夠跟隨學習的導師。我尋找的導師應已完成我想做的事。我也會透過聽錄音帶學習，在錄音帶裡老師會告訴我他做過的事。我也閱讀，但僅僅是一種消遣，絕沒有重回商學院學習的念頭。我建立自己的公司，因為我是透過行動來學習而不是坐在教室裡學習的人。我會找一位導師，採取行動、犯錯，然後從圖書和錄音帶中發現我哪裡做錯了，以及應該從錯誤中汲取怎樣的教訓。例如，當我的一個公司的市場運作快要失敗時，我進行了大量的研究和調查以尋找新的答案。今天，我是個不錯的市場專家。如果我只是坐在教室裡讀書，聽老師講誰有可能、誰不可能擁有自己的公司的話，今天我就可能無法擁有一家公司了。

每個孩子都有自己獨立的、獨一無二的學習成功公式，父母的工作就是觀察和支持孩子選擇最適合自己的公式。如果孩子在學校學習不順利，家長就要跟孩子在一起研究，但不應讓孩子感到窒息，要支持孩子尋找學習的最佳方法。

如果你的孩子在學校很順利而且喜歡學校，你應該感到慶幸，那麼就讓他們去享受他們在學校的生活吧。假如他們不喜歡學校，就要讓他們知道他們仍然是天才，並鼓勵他們去尋找一種在學校體制中學習下去的方法。如果他們能學會這麼做，那麼他們將獲得在現實世界中也適用的極好生存技能，因為現實世界需要不止一種天賦。這是我父親鼓勵我做的事，他鼓勵我去尋找自己的學習方式，儘管我並不喜歡我所學的東西。這就是現實生活對你的磨練。

怎樣變成一名職業學生

我注意到很多在學校成績好的人根本不擔心無法在社會上生存。孩子們認為成績好就意味著他們能以最好的方式生存，所以他們獲得的生存技能就是所謂的「好成績」。當然在年輕的時候的確如此，但當他們年齡增大，需要離開學校去適應現實生活時，問題就出來了，因為現實生活需要各式各樣的技能。

我認為凡是希望透過在學校好好學習以求得生存的孩子極易變成職業學生。一些人從不離開這個體制，他們會透過努力成為博士以尋求保障。窮爸爸就是直到他的家庭成員患病，才被迫離開學校進入現實世界並開始職業生涯的。他說：「如果你需要教育這堵圍牆將你與現實世界隔離，待在裡面是件很容易的事。」

侵蝕自我認知

我曾經說過債務和缺少財務安全保障會侵蝕一個人的財務自我認知。換句話說，如果你有太多的財務障礙，或感到自己被工作需要及薪水保障牢牢地束縛，你的財務自信將會瓦解。同樣的事情還會發生在孩子身上，即當他們被告知自己不如別的孩子聰明時，他們在學習上的自信心也會喪失。如果沒有父親的幫助，我會早早離開學校，因為沒人喜歡別人認為自己笨。我知道我並不笨，我只是對老師教授的課程不感興趣。但不管怎樣，我在學校裡可憐的成績開始腐蝕我在學習上的自信心。是我的聰明爸爸在我人生遭遇挫折的這段時期裡保護了我。即使我成績差，甚至不及格，他還始終讓我確信我仍然是個聰明的孩子，並且為了完成學業，我必須找到屬於自己的學習方式。如果沒有父親的愛和他獨特的教育方式，我一定會退學，並因此受到傷害，會忿忿不平，而且會時時感到自己比學習好的人低一等。換句話說，如果沒有我的父親，我只會在學校裡學到失敗者的公式後離開學校。

無論你的孩子在學校裡表現好壞，你都應關注並鼓勵他們去尋找自己的學習公式，因為離開學校並進入現實世界後，他們的教育才真正開始。

為什麼私立學校、特許學校和在家自學的數量在增加

相當一部分明智的家長開始考慮在家自學的問題。今天，有很多父母不讓孩子到學校去，而是在家中接受教育。據報導，在家自學正在以每年百分之十五的比例增加。許多人說孩子在家庭中得不到好的教育，但如今，在家自學的學生卻獲得了全國的拼寫競賽獎，並且進入哈佛、普林斯頓和軍事學校等名校。

特許辦學的學校正大規模增加，效仿蒙特梭利和華德福體制的學校也在迅速增加。換句話說，父母正從政府那裡把教育孩子的責任拿回來。

窮爸爸的顧慮

很多年前，身為學校教師的爸爸試圖去改變這個體制。他意識到不同的孩子各有天分，他還意識到現行體制是個「以偏概全」的體制，它只適用於百分之三十的孩子。他還說，「學校體制不改變的原因是我們所設計的就是不會改變的體制。」

我們都知道老師們總在盡力教育孩子，但問題是，在這個體制內工作的老師被要求不能有所改變。這個僅為生存設計的體制，是讓孩子按部就班，而不是快速變化發展的體制。

許多年前，父親發現這個體制有著很大的缺陷。當他發現大多數英語國家使用的這種教育體制起源於幾百年前的普魯士時，他變得非常不安。當他進一步發現這個體制無法很好地教育孩子，相反地它是培養好士兵和好員工的體制，他更加不安起來。有一天他對我說：「在學校體制裡，我們用幼稚園（kindergarten）這個詞的原因，是我們的體制源於幾百年前的普魯士。kinder 是普魯士詞，意為孩子，而 garten 為花園之意。換句話說，『孩子們的花園』之意就是由國家來進行教育，或者說是『灌輸』。這種體制設計的目的是讓父母放棄教育孩子的職責，而孩子則被教育成能夠最好地為國家服務的人。」

「小學」一詞起源何處

窮爸爸曾說：「小學教育被稱為『初級教育』的原因，是我們這些教育工作者從學習內容中抽出『有趣課目』，並把它分成各個部分。當你從學習過程中抽出有趣課目後，教育就變得無趣了。」他解釋說：「例如，一個孩子對房子感興趣，而房子的課目就被撤換掉並分成各個部分，如數學、科學、寫作和藝術。所以在學校裡學得好的學生應是對數學、寫作、科學課感興趣的學生。但是，對更大課目感興趣的學生，如對房子感興趣的學生，他就會產生厭倦，因為他們的興趣課目被撤換掉了，只剩下組成課目的各個初級組成部分留待學習。這就是『小學』或『初級教育』一詞的出處，這也是很多學生認為學校無趣的原因。興趣課目已被撤換掉了。」

我認為在家自學和私立學校數目的不斷增加有幾個原因，它們是在從政府手中收回教育的權力，並把這一權力還給父母和家長。

從武士到醫生到教師

我父親的家族在日本封建王朝時期是騎士階層，或稱為武士階層。隨著與西方梨酒貿易的開始，封建王朝開始瓦解，我父親的家族開始放棄武士生涯，轉而成為醫生。我的祖父本也應該成為醫生，但他跑到了夏威夷，所以家族的傳承就從他那裡中止了。雖然祖父沒有成為醫生，但他希望他的兒子上醫學院，可是父親沒能滿足他的願望。

當我問爸爸為什麼不去當醫生時，他說：「上高中時，我開始思考為什麼這麼多同班同學會突然從學校中消失。今天我的朋友還在學校，可是第二天就不來了。我很好奇就去問校監，但仍不明白。很快我發現只要糖和鳳梨種植園需要人手，學校就會消失至少百分之二十的亞洲移民的孩子。種植園透過這種方式保證了穩定的、未受過教育的勞動力來源。當我發現這件事後，我的血液沸騰了。從那時起我決定進入教育而不是醫學領域。我想讓這個體制使每一個孩子都有接受良好教育的機會，為了使每個孩子都有接受最好教育的可能性，我願意和大公司及政府進行抗爭。」

爸爸終生為改變這個體制而奮鬥，但最終卻成為他期望改變的體制下的犧牲品。在他生命的晚期，他被評為夏威夷一百五十年來公立教育史上最傑出的兩位教育者之一。雖然他因勇敢而得到了教育界人士的承認，但這個體制依然沒有什麼變化。現有的教育體制培養了我們，也有很多人脫穎而出，但要跟上技術和社會變革的步伐，它還需要走很長的路。爸爸非常重視在家中對孩子的教育，他常說：「發現你們的天賦與取得好成績同樣重要。」換句話說，每個孩子學習的方式和內容各不相同。至於父母，就該理智地觀察孩子能學得最好的方式，然後支持孩子發展自己學習的成功公式。

每當我看到嬰兒，我就看到了急於學習的年輕天才，幾年後，我再看到這些天才時，他們都在厭倦學校，並且不理解為什麼要被迫去學習與他們無關的東西。許多學生之所以感到羞辱，乃因為他們被按照不感興趣的課程考試分數來評價，結果就被貼上了「聰明」或「不聰明」的標籤。一個年輕人對我說：「並不是我不聰明，我只是不感興趣。你們要先告訴我為什麼我應該對這些課目感興趣，以及我該怎樣運用它們，那樣我或許會願意學習。」

問題不僅僅是不好的成績。當然，爸爸認為分數會從正面或負面來影響一個學生的未來，擔心不好的成績會影響到學生的自我認知和自信。他常說：「許多孩子興高采烈地去上學，然後失望地離開學校。」他建議道：「如果您的孩子剛好不喜歡學校，那麼在孩子人生的這個階段，父母最重要的工作不是讓孩子取得好成績，而是要讓孩子留住上帝賜予的天賦，發現他們的興趣所在，留住他們的學習熱情，即使這種興趣不在課堂上。」

實情是孩子要學的東西遠比我們要多。如果不這樣，他們就會在下一章要提到的另外兩個成功公式上落後。所以我認為，在家裡發展孩子的學習成功公式遠比他們在學校裡的考試成績重要。窮爸爸和富爸爸都說：「當你離開學校並進入現實生活後，真正的教育才剛剛開始。」

第六章　你的孩子會在三十歲時過時嗎？

當我還是個孩子的時候，我的父母預測我的道路是：從學校畢業，找份工作，當個勤勤懇懇的員工，在公司的階梯上努力攀升，待在那裡直到退休。退休後，我會得到一塊金牌，然後在退休人員俱樂部玩高爾夫球一直玩到太陽下山。

愈老愈不值錢

終生從事一份工作的想法是工業時代的思想。從一九八九年柏林圍牆倒下到網際網路建立，世界和就業規則發生了改變。還有一個改變的規則就是「人愈老愈不值錢」（對企業而言）。

在工業時代，人愈老愈有價值，但在今天卻恰恰相反。在資訊時代，對許多人而言是愈老愈不值錢了。

這就是為什麼需要孩子的學習成功公式能及時跟上時代變化的原因。一個孩子的學習成功公式必須是始終能夠跟上職業成功公式變化的精心策劃的學習公式。

換句話說，你的孩子可能會在三十歲時跟不上時代的步伐，從而需要學習一個新的能跟上由市場決定的職業需求的職業公式。說得更清楚些就是，如果你的孩子還保留著一生只做一份工作，並且不準備去學習和改變的思想的話，那麼隨著歲月流失，你的孩子將會被遠遠地拋在後面。

好成績不代表一切

未來並不屬於只會在學校裡拿好成績的學生，而是屬於有最好的學習成功公式與最新穎技術頭腦的孩子。

比學會怎樣通過考試得高分更重要的是，孩子需要學會如何學習，如何改變自己，以及如何比他們的同班同學更快地適應生活。為什麼呢？因為未來的雇主和公司會把更多的錢付給今天的學校未曾教授過的技術。看看今天的公司需求大環境，最搶手的人是懂得網路的人才，可是幾年前這個課程在學校裡並沒有教過，市場最不需要的是我們這一代人，只想要高薪但卻與資訊時代大大脫節的人。

繁榮和衰退

要想充分地瞭解我們所處的繁榮期及員工短缺現象，只需回顧一下許多年前的繁榮和衰退周期。

1. 一九〇〇年，有四百八十五家汽車製造商，到一九〇八年，僅剩下一半。今天，原四百八十五家中汽車製造商中只有三家還存在。
2. 一九八三年，美國有大約四十家電腦生產商，今天只有四家生存下來。
3. 一九八三年，Burroughs, Coleco, Commodore, Zenith 還是新興電腦技術的領導者。今天，許多電腦行業的年輕人從未聽說過這些公司。

技術將跨越洲際。今天，幾乎我去過的每個國家都有一個稱作「矽谷」的地區，將來孩子工作的競爭者可能並不生活在這個國家，而且，他們對薪水的要求絕對會不一樣。

幾歲算太老？

在澳洲時，我讀了一份當地的報紙《西澳日報》。「這篇文章實際上就是這麼多年來你想告訴別人的事情，就是人們應知道自己在幾歲就算太老了。而且你的衰老程度與你的職業有關。」這是二〇〇〇年四月八日的報紙，上面有一篇題為「你過了年限了？」的文章，照片上是一位年輕的平面設計師、一位體操運動員、一名律師和一名模特兒的照片。在代表不同職業的每個人的照片下面，都有一行文字：

1.體操運動員有效期限：十四歲
2.模特兒有效期限：二十五歲
3.平面設計師有效期限：三十歲
4.律師有效期限：三十五歲

換句話說，在這些職業中，當你到達這個年紀，你就太老了。這篇文章的開始是引用了一個並不是超級名模的模特兒的故事，她每星期能賺兩千美元，到了二十八歲時她就失業了。這篇文章寫道：

許多職業都有會導致你事業脫軌的絆索，可能發生在你二十、二十五、三十或四十歲的時候。不論是什麼時候，都遠早於你的退休年齡，這種結束可能是體能上的限制：如模特兒的容顏老去，運動員的身體機能衰退；也可能是精神上的：數學家總是出錯，廣告人員與設計人員的創意不再神奇也不再能賺到錢；還有可能與精力有關：投資銀行家和律師到了四十歲時會因為精力衰退、離婚或者體力不支而敗下陣來，也許三者均有。但這並不意味著你不能再從事這個行業的工作，但到達頂峰的機會已然錯過，你成了泛泛之輩。

這篇文章還寫道：

你二十歲開始職業生涯後，需要勤奮工作數年，然後慢慢地在每一級階梯上爬升，直到快五十五歲時你才能達到目標，這樣，一生大部分的時光就都已過去了。今天的現實卻是，如果你在四十歲時還達不到目標，你就永遠都不會成功了。在一些行業，在二十或二十五歲時，你就需要思考是否能用一個修剪草坪的公司來開墾一片灌木叢地。

大大小小的城鎮中，到處都能看到上年紀的設計師，在做一些幫人上色或陶藝方面的工作，或者在經營一家麵包坊。

墨爾本大學職業教育的負責人迪．瑞錢傑說，目前職業生涯在四十歲時達到頂峰或退步的趨勢說明，人們應該一直為他們的下一個職業做準備，並應該花些時間去接受再培訓或上網尋找下一個職業。她說有些職業，像平面設計就是屬於年輕人的職業，它所需求的有效期限絕不會超過四十年。

那麼老員工會怎樣呢?文章說道：

在這個時代，為了跟上行業的步伐，人們應像瑪莉莎一樣：年輕、雄心勃勃並願意一天工作十二個小時。

老員工中最優秀的會被推上管理層，剩下的將會被淘汰，而打擊這些老兵的方法也是令人驚奇地容易。去年九月分，國內一家電腦公司登廣告招聘一名程式檢查員。所有申請者都自然而然不遺餘力地運用他們出色的辦公技能，來製作他們精美的求職簡歷。

當然，他們都能勝任這個工作，可是機會只有一個，怎樣才能做出選擇呢？其實方法很簡單。「我們只看申請表上的出生日期，然後將他們分成三十五歲以上和三十五歲以下兩組。」

該公司內部員工如是說。「三十五歲以上的不予考慮，這樣做雖然不合法，但難道不符合達爾文的進化論嗎？」

適者生存，年輕人有更多的機會。

窮爸爸的「旅行終點線」

許多讀過我以前幾本書的人可能知道，我對職業生涯「旅行終點線」這一說法非常敏感，對那些未曾讀過以前幾本書的人，我現在簡要地加以介紹一下：我的窮爸爸是教育部的官員，他在五十歲那年觸到了他的「旅行終點線」，他是個受過良好教育、誠實、勤懇的人，他致力於改革夏威夷州教育體制，但在他五十歲時，他丟掉了工作，他一下子墜落到除了教育之外沒有任何其他生活技能的冰窖之中。

雖然在學校裡他曾是個了不起的高材生，有一個很好的學習公式，但他的學習成功公式卻在他的職業成功公式失敗之後，無法對他進行再教育，並且可以保證他在現實生活中繼續生存下去。

在沒有出路的工作中辛勤工作

這幾年來，我一直在對我課堂上的學生說：「大多數人會聽從父母的建議：上學，得高分，找個安全、有保障的工作，但這是工業時代的舊觀念。」

許多人辛苦地工作，收入也很高，但他們的心靈和身體都十分疲憊了，有些人甚至筋疲力盡，而他們仍沒有找到幫助他們跨越極限、超越頂點的梯子，他們只有沿著這條路走下去，最終抵達「旅行終點線」，自己還全然不知。他們仍然還會有工作，或還有業務可做，但是沿著這條路，通向頂峰的梯子卻沒了。我的一些朋友在學校成績很好，有些還陸續攻讀了碩士和博士學位，並在四十歲時取得了一定程度的成功，但也就在這個時候，職業就像神話般地消失了，反而開始走下坡路。這種情況的出現，我認為是因為學習成功公式停止工作，而導致了職業成功公式的停滯，換句話說，我的朋友們還在用著同一個學習成功公式，但這個公式再也不能創造職業神話了。

四十歲時富有而四十七歲時破產

我有個同班同學高中時成績非常好，後來唸了美國東岸長春藤聯盟中的名校，並在畢業後回到夏威夷。很快他加入了他父親的社區俱樂部，並和一位父親也是俱樂部成員的女孩結了婚，之後還有了幾個孩子。現在，他的孩子們也進了他上過的私立學校。

工作了幾年，累積了一定的工作經驗之後，由於得到了一起打高爾夫球的朋友的幫助，他參與了一些非常大的不動產交易中。他的笑臉出現在當地商業雜誌的封面上，並被稱為新生代崛起的商業領導者。

四十歲之前，他的生活可說是一帆風順。八〇年代末期，由於日本人從夏威夷抽回了投資，當地的不動產市場走向衰退，他也失去了財運。由於他纏上了債務官司，妻子和他離婚了，現在他不得不負擔兩個家庭的開支。四十七歲那年，他破產了，可是還得支付一大堆的帳單。

幾個月前我又見到了他。剛過五十歲的他，基本上已從失敗中解脫出來，甚至還有了個新的女朋友。但無論他說得多好，做得多棒，我都認為他的熱情已逝，畢竟一些事情改變的是人的內心。

現在他比以往任何時候都更加努力地工作，但也僅是為了保住幾年前的神話。他看起來更加憤世嫉俗，外表也衰老了許多。

一天晚飯後，他的女朋友正和我們談她剛剛成立的網路公司。她的談興正濃，因為生意看上去很順利而且收到了來自全世界的訂單。忽然我的這位朋友怒氣沖沖地打斷了她。那天他似乎喝了很多酒，內心的壓力使他外表冷酷。顯然他被女朋友新的成功或是他的不成功激怒了。

他冷冷地說：「妳怎麼會做得好呢？妳根本沒上過像樣的大學，也沒有碩士學位，而且，妳還不如我起碼認識幾個有頭有臉的人。」

當晚，金和我在開車回家的路上談到我朋友的失態。「他現在依舊在用他的舊觀念和舊思維，這樣的話，他很難成功啊！」

我點了點頭，並想起了澳洲報紙上說的「撞上了旅行終點線」。我還想起了那個年輕人說把簡歷按申請人的年齡分為三十五歲以上和三十五歲以下；我還想到了阿德里安，被裁員後買了份旅行代理特許經營權，現在還在法學院，期待五十七歲時畢業；我自然也想起了窮爸爸，一個真正相信良好教育的力量的人，雖然他所受的良好教育在他生命的後期並未能拯救他。最後我回過神來，對金說：「聽上去有點像新經濟時代思想與舊經濟時代思想的對抗。」

「你認為他的女朋友具有新經濟時代頭腦，而他還是舊經濟時代的思想？」金問道。

我點頭認可。「我們丟掉『經濟』這個詞，只說有新思想，而他仍在用他高中時形成的觀念。他們倆只相差幾歲，但他的女朋友的思想很新，不是指剛出現的，而是對她而言，這些思想是新鮮的而且是充滿活力的，所以她看上去有朝氣而充滿活力。而他的思想一點都沒變，他還緊守著孩提時代就有的、卻已用了四十年的經驗。」

「所以人不會過時，但觀念會過時。」

「是的，就是這麼回事。他的觀念，尤其是他的成功公式過時了。」我答道，「他起床、上班，不再是城裡那個充滿好奇心的孩子、事物的追求者以及新思想的鼓吹者，他現在只是有著舊觀念的老傢伙，雖然他只是個五十歲的人而已。問題是他早在十年前就老了、過時了，但他根本不知道。他仍在用著以前的成功公式，他不願改變他的公式。今天他拿著履歷滿城跑，與那些和他孩子一樣大的年輕人爭取工作機會。」

「所以說，『上學，拿高分，找份好工作』的建議在他還是個孩子時，的確曾經是個好建議」金說，「但當他是個成年人時，這就是個壞建議了。」

「但問題是他陷進了他的成功公式中，卻茫然不知。」我輕聲附和，「他沒有發現過去的好建議現在已是壞建議了，他的前途真讓人擔心。」

「陷進去還不知道？」金問道。

「我爸爸五十歲時也遇到了這個困難，孩童時，『上學而後找工作』對爸爸來說是個好建議，甚至是個了不起的公式。他拿了高分，找到了好工作，還升到了職業的頂峰。但就在那時，公式失效了，他從此一落千丈。」

「而他還始終用著同一個公式。」金說。

「不僅如此……他做的工作愈少，就愈覺得沒有保障，他就愈頻繁地告訴其他人聽從他的建議，儘管這個公式對他並不起作用。」

「他做的工作愈少，就愈頻繁地告訴別人聽從他的建議？」金不解地問，更像是在自言自語。

「我認為他有兩個盲點。」我說，「由於他的方法不再有效，他因此受到挫折並感到疲憊，但他依然一意孤行。他始終停留在過去，那是他的公式發揮作用的時期。因為他的公式過去曾經發揮作用，所以今天他確信他做的依然是正確的。」

「所以他勸告別人也按他的路走，」金說，「即使公式已不再有效。」

「我認為他這麼做，是因為這是他所知道的唯一對他發揮作用的公式，可是他不知道這個公式並不能永遠發生作用。」

「他一旦理解這一點，他就會告訴別人他的經歷。」金說，「他會變成新方式的宣傳者，他會向別人宣傳，『我發現了一條新路』，只有到那時，只有到他發現了適合他的生活的新的成功公式時，他才會和舊方式決裂。」

「希望他能發現，」我答道，「沒有人在你畢業時送你通向成功的路線圖，因此一旦路線消失了，我們中的許多人會在叢林裡繞圈子，並希望重新找到路線，一些人找到了，一些人還沒有。當你找不到新路時，你會停下來思念舊路，這就是生活現實。」

中學時代的英雄

前面我曾提到電視劇「與孩子結婚」中的主角艾．邦迪。艾．邦迪實際上是個具有悲劇色彩的角色，他高中時曾是個英雄但卻沒有在以後的生活中改變他的成功公式。在這部劇裡，艾站在鞋店裡賣鞋，可是腦中卻回想著他四次達陣為他的高中贏得比賽的情景。

有一天我們也許都會變成艾．邦迪，坐在搖椅裡，追憶往昔輝煌的時光。但問題是如果你還不準備回憶，還想成就更大的事業，其結果只能是你活在現實裡，卻試圖去捕捉舊日的快樂。

如果你無法從昔日的光環中解脫出來，你就會像那些上了年紀的職業拳擊手，昔日奪得大獎今天卻被年輕的對手輕鬆擊敗，老拳擊手用過時的拳路繼續比賽，只是為了能夠生活在過去的記憶中。

許多人在學校成績很好，或在他們的上一份工作中表現不俗，可是一些事情卻使他們停止那種狀況。高中校友會裡隨處可見沒有任何長進的昔日足球明星或成績優異的人。十年、二十年或三十年後你再遇到他們時，你就知道神話已徹底消失。

所以今天，你一定要讓你的孩子知道，唯有不斷改變自己是他們未來生活的一部分。事實上，應讓你的孩子知道學會改變自己和快速學習的能力，遠比今天在學校裡學到的東西更重要。

家長的觀念

十幾年前，我看過一個電視節目：母親帶女兒們到她們工作的地方，讓女兒們看她們是怎樣工作的。電視評論員大為讚賞這種做法並說：「這是個大膽的想法，母親在教孩子們成為未來社會的好員工。」

我只能說：那是個多麼過時的想法呀！

今天，當我和年輕人談話時，我常問他們使用的是誰的成功公式，自己的還是父母的？

二十世紀六〇年代，當我還是個孩子時，大多數父母會語帶恐慌地對孩子們說：「只有接受良好的教育，你才能找到一份好工作。」恐慌的原因是因為許多家長生長在大蕭條年代，一個找不到工作的年代，對我父母時代的許多人而言，他們多出生在一九〇〇到一九三五年之間，他們所經歷的情感恐懼、失業恐懼和沒有足夠的錢的恐懼，極大地影響他們的思想、言語和行為。

今天，如果你環顧四周，你會發現到處都是徵才資訊。雇主們急於找到能讀會寫、樂觀、易溝通、可培養的人。專業技能是很重要，但對雇主來說，其他方面的特點可能比專業技術更能說明問題。

雖然到處都有工作機會，我還是不斷聽到年輕的家長們對他們的孩子用同樣恐慌的語調，說著相同的話：「接受良好教育，你就會找份好工作。」

當我聽到有人說「你是有了工作了，飽漢不知餓漢饑」時，我會說：「放輕鬆，靜下來，喘口氣，然後看看周圍，到處都是工作，蕭條已經結束，停止傳播那些基於過去歷史得出的經驗和建議吧。今天，只要你想要安全有保障的工作，你就能找得到，所以先停下來，想一想再說。」

一些人靜下來了，可是還有一些人不願意這麼做。許多我遇到的人還是極其恐懼沒有工作，害怕不能為家裡帶來收入。大多數人無法理智地思考，因為舊日的恐懼已從父母那裡遺傳給了孩子。

父母能做的最重要的事情之一就是停下來，思考一下並向遠處看，而不是把基於過去經歷得出的經驗傳給孩子。正如我說過的，蕭條已經結束。

許多孩子退學或不把他們的教育看得很重，是因為他們沒有找不到安全、有保障的工作的恐懼。

學校裡的孩子知道他們能找到工作，他們還知道生活並不一定青睞學校裡的學習模範生，體育明星、電影明星也賺到了很多錢。今天的孩子看電視上的艾．邦迪並知道他有份工作，他們還看到他們的父母也出外工作，辛勤努力，顧不得回家，只有雇用保姆來照顧他們。於是孩子們會說：「這就是我上學的最後結局？這就是我要的生活？難道我將來還要這樣對待我的孩子？」

我不得不停止我所擅長的事情

一九九四年，當我四十七歲退休時，隨之而來的問題是「我的餘生要做些什麼」？這個問題像塊石頭一樣壓在我的心上。還沒有休息滿一年，我就決定去做人們稱為「重塑自我」的事情。

這意味著我需要去改變我的學習成功公式和職業成功公式。如果不這樣做，我很可能會像那些上年紀的職業拳擊手一樣，在一年後被別人從圈子裡趕出去。但再塑自我，就使我必須放棄我擅長和喜歡做的事，這意味著我要停止教授商業和投資課。為了重塑自我，我必須開始學習我需要學的東西以改變我的做事方式。

為做到這一切，我創造了一種桌遊來教授過去我教過的東西，而且我不得不開始學習寫作，要知道寫作是我在高中時兩度不及格的課程。今天，我已是一位廣為人知的作家，名聲遠大於我以前從事過的任何職業。

如果不是擁有學習、職業和財務成功公式，我是不可能取得生活中的這一巨大進步的。同時，如果我不繼續向前，我就會把四十七歲之後的時間，花在追憶過去的好時光和成功當中了。

有保障的工作對家庭生活有什麼影響？

今天的家長需要變得更聰明，因為他們的孩子更聰明了。父母們需要超越學校和工作保障看問題，因為孩子們也看得更遠了。他們看到了工作保障對他們家庭生活的影響，看到了他們的父母有工作但沒有生活，這些都不是絕大多數的孩子在未來想要的。要想成為與你的孩子關係親密的成功父母，你們必須去仔細考慮孩子的將來，不是自己的未來，而是孩子們的未來。

今天的父母需要與孩子分享對未來的看法，而不是強迫孩子

觀念的比較

工業時代	資訊時代
工作保障，任職期資深	自由代理，虛擬公司
資深	按照結果支付
一種工作	很多職業
工作到六十五歲	早早退休
按時上下班	有興趣工作時就工作
學校	研討會
學校學位和資歷	主要的天分
老經驗	創意
公司退休金計畫	自己管理的證券組合
政府退休金計畫	不需要
政府醫療計畫	不需要
在公司工作	在家工作

遵從父母對未來的看法，並且一種通常是基於過去的已經過時的經驗所得出的看法。

我曾在前面提到，父母和孩子之間，許多關於父母的成功公式與孩子的成功公式的討論是有衝突的。例如，父母說「你必須上學」，可是孩子會說「我要休學」，這就是成功公式衝突的例子。

父母要想與孩子建立一種成功的關係，就必須盡力從孩子的角度看問題。顯而易見的問題是孩子僅能看到問題的一些方面，而不是全部，對他們來說，良好的教育應構成其視野的一部分，所以，我並不主張家長們躲起來，任憑孩子為所欲為。我主張父母應越過成功公式的衝突，來盡力發現他們孩子腦袋裡的觀點。我知道做到這一切並不容易，但結果一定勝於爭吵。

一旦家長看到了孩子們看到的事物，瞭解了孩子想去的地方，就有可能與孩子進行溝通並給他們一些指導。

這很重要，因為此時若父母只是對孩子說「我不讓你這麼做」，孩子就可能非要去嘗試一下，或已經早就嘗試過了。分享孩子的觀點並減少成功公式間的衝突，對長期指導孩子至關重要。

一旦良好的交流溝通適時發生，我建議父母應與孩子們分享這樣的觀點，即他們的一生中可能有多個職業，而不是一輩子只從事一種工作。如果孩子能接受這個觀點，他或她就會增加對教育的重視。如果孩子擁有了對教育的重視並能終生學習，與他談論為什麼一個人的成功公式要不斷發展，以及為什麼留在學校很重要就很容易了。我認為以上這些非常重要，因為任何一個父母都不想讓他們的孩子陷入沒有出路的工作裡，以至於孩子隨著年齡的增加反而價值下降。

簡單地說，你和你的孩子比你的父輩有著更多的選擇。上列的工業時代的選擇並不比資訊時代的選擇更好或者更糟，我想說的只是應該讓孩子們知道，今天的選擇更多。

今天，對學校體制和父母的挑戰，是應該讓孩子擁有學習的技能，以便他們將來能有盡可能更多的選擇。我認為父母並不想讓孩子因為聽從了他們「上學以便你能找到工作」的建議，而終生為財務問題所困擾。今天的孩子需要得到比以往任何時候都更豐富、更完整周詳的教育。

最後的說明

在我為成年人上課時，當我對他們說是「上學」、「找工作」的建議束縛了他們時，許多人舉手，期望得到說明。

當他們還都是孩子的時候，無疑都認為這是一個好建議。然而現在，當他們成年後遇到種種困擾後，他們已經隱約意識到這種建議或許並不是一個好主意，只是現在他們需要知道得更清楚。

一次在課程中的討論時間裡，一個學員問：「擁有好工作怎麼會束縛你？」

「好問題！」我說，「不是工作束縛了你，而是加在『上學而後找個工作』這句話後面的收尾語束縛了你。」

「收尾語？」學員問，「什麼收尾語？」

「收尾語就是『打安全牌，不要犯錯』。」

第七章 你的孩子會在三十歲前退休嗎？

一天，我問富爸爸為什麼那麼富有，他回答說：「因為我早早就退休了。如果你不必去上班，你就會有很多時間去成為富人。」

透過眼鏡

在前面幾章裡我提到過「家庭作業」，富爸爸說：「你很難在工作中致富，但你可以在家中致富。這就是你們必須做家庭作業的原因。」富爸爸透過教我們玩大富翁遊戲，來告訴我們獲得財富的辦法，玩大富翁也是他的一項家庭作業。他挪出時間跟我和邁克一起玩遊戲的目的，是希望將我們的思想帶入極少人看得見的世界。從九歲到十五歲的幾年時間中，我從精神上完成了從窮爸爸的世界到富爸爸的世界的過渡期。其實每個人看到的世界都是相同的，不同的只是各自的感知能力。在富爸爸的世界裡，我看到了以前從未見過的東西。路易斯．卡洛爾的《愛麗絲夢遊仙境》中，愛麗絲透過眼鏡進入了另一個世界，富爸爸讓我們戴上他的「眼鏡」，借助大富翁遊戲，從他的角度看到了另外一個完全不同的世界。他不對我們說「上學，得高分，找一份安全、有保障的工作」，而是不斷地鼓勵我改變思維方式，從另外一個角度思考問題。他總說：「買四棟綠房子，賣掉它們，然後用這些錢買一家紅色的旅館。當你長大後，這個辦法會讓你成為富人。」我不知道他想讓我看到什麼東西，但我知道他想讓我知道他所感覺到而我看不到的東西。

作為一個孩子，我並不十分清楚他在努力做些什麼。我只知道他在考慮買四棟綠房子，賣掉它們，再買一家紅色的旅館。透過不斷和富爸爸玩遊戲，並把遊戲看成是重要的東西，而不僅僅是孩子們隨便玩的玩具，慢慢地，我的思維方式開始改變，並開始看到了不同的世界。一天，當我們拜訪他的銀行家時，我的思維最終發生了轉變。那一刻，我看清了富爸爸的思想，看到了富爸爸眼中的世界，我透過富爸爸的「眼鏡」看到了新的世界。

自我認知的改變

當我旁聽富爸爸和他的銀行家、不動產代理商的會議時，我的想法發生了改變。他們在一起討論細節問題，簽署了幾份文件，然後富爸爸遞給銀行家一張支票，並從不動產代理商處接過了一串鑰匙。這使我突然開竅，他這是在買綠房子。隨後我們坐上車，銀行家、不動產代理商、富爸爸、邁克和我驅車去看新的綠房子。坐在行駛中的車裡，我開始理解我實際上正在看現實生活裡的大富翁桌遊。從車裡出來後，我望著富爸爸邁著大步，走到門前，跨上臺階，把鑰匙插進鎖孔，轉動，推開房門，跨進去，然後說道：「這是我的。」

如我所說，我藉著看、摸、感覺和行動能學得最好，而透過坐、聽、讀和書面考試我卻學不好。當我理解遊戲、小綠房子和他剛買的房子之間實實在在的關係後，由於我個人的認知發生了改變，我的思維和我的世界也發生了改變。我不再是那個家中有財務困難的窮孩子，我正在變成富孩子，我的自我認知正在發生轉變。我不再祈求變富有，在我的靈魂深處，我開始確信我是富有的。我富有是因為我開始借助富爸爸的眼睛看世界了。

當我看著富爸爸寫支票、簽文件、拿鑰匙時，在我的腦海裡遊戲、現實和綠房子之間的關係突然變得清晰起來。我對自己說我也能這麼做，這並不難，我不需要太聰明就能致富，甚至也不需要好成績。我的感覺就像是透過「眼鏡」進入到了另一個世界，但進入這個世界也引發了我與被我拋在身後的世界的一些問題。我發現了我自己的成功公式，這是由學習成功公式、職業成功公式與財務成功公式共同組成的，並將成為我以後生活的指南。在那一刻，我知道我會富有的，並對此深信不疑。我終於弄懂了大富翁遊戲。我喜歡這個遊戲，我看到富爸爸在用真錢玩這個遊戲。我知道如果他能做得到，我也一定能。

在兩個世界之間穿梭

在精神上我已能透過「眼鏡」穿梭於兩個世界之間。問題是我們正在進入的世界——富爸爸的世界似乎更加合情合理，而我離開的世界看上去有些愚蠢。我回到的學校世界就像是瘋子哈特（Mad Hatter）的世界。星期一，老師會讓我們交作業，然後她會規定更多的作業並讓我們學習不能看、不能摸、不能感覺的東西。我被要求去學一些我明明知道根本沒用的課程。我要解複雜的數學題，而我知道在現實生活中，我可能永遠都用不著如此複雜的數學公式。我見過富爸爸買綠房子時用了多少數學知識，他不會用任何幾何知識去買房子的，簡單的數學基礎知識足矣。我知道買這四間綠房子並不難，一旦我賣掉它們，買一家紅旅館也容易得很，甚至是順理成章的事。但這一切的發生需要你真的有致富的思想並且還要有足夠的時間。要知道一家大旅館完全可以使你不費力氣地賺到很多錢。我很迷茫，因為每次我透過「眼鏡」，總覺得一邊的世界比另一邊看上去愚蠢。

我不知道為什麼我們要學習一些從來用不著的功課，或者至少說從未告訴我們怎麼用的功課，可是接著還要參加我沒興趣的課程的各項考試，並依據我的考試成績被打上聰明或者愚笨的標記。對我來說，這真有點像愛麗絲所經歷的奇怪世界。

為什麼我要學習這些課程？

有一天，我決定問個究竟。我鼓足了勇氣問老師道：「為什麼我們要學那些自己根本不感興趣也用不著的課程，並且還得考試？」

她的回答是：「因為假如你成績不好，你就找不到好工作。」

這和我從爸爸那裡聽到的回答一模一樣，聽上去就像回音。問題是這個答案並不合理，學習我不感興趣也沒用的課程和找工作有什麼關係？既然我已發現了我生活的成功公式，我就不會再接受勉強上學、學習我不感興趣的課程以便找個工作的這個公式，而且我也沒計畫找工作。想了一會兒後我又問：「假如我不想找工作呢？」

話剛出口，我就聽到老師大聲說道：「坐下，做你的作業。」

學校是重要的

我不是在建議你讓孩子退學，並給他或她買個大富翁遊戲。正確的教育是必要的，首先要在學校學到基本的學習和學術技能，隨後才是專業技能，雖然我並不完全認同現行教育體制內的老師或他所教的東西，可是上學並完成大學學業或上商學院，在今天對人生的成功仍然是必要的。

問題是現今的學校教育中缺乏對財務技能的培訓，也正因為它不教這些技能，使得絕大多數孩子在離開學校時，並沒有準備好自己的財務成功公式。事實上，許多人是帶著財務失敗公式離開學校的。今天，許多年輕人帶著信用卡債務和學校的貸款債務畢業離校，他們中又有許多人將會永遠擺脫不了債務纏身，還有些人離開學校後開始買車、買房、買船等等。一些人直到離開這個世界還把債務留給孩子。換句話說，他們在受過良好教育後離開學校，但離開時卻沒帶著一個非常重要的公式——一生的財務成功公式。

兩個爸爸的擔憂

身為教育官員的窮爸爸感覺到教育正在遺失一些東西，但他永遠也弄不清到底遺失了什麼。

富爸爸知道遺失了什麼。他知道學校不會教有關金錢的東西，他知道缺少財務成功公式使許多人拚命工作，依附於工作保障並永遠無法在財務上領先。當我告訴他我爸爸告訴我的那件事，即種植園利用學校系統來保證穩定的工人來源時，他用很平靜的語調說道：「什麼都沒改變。」他知道人們抓住工作不放並拚命工作，僅僅是因為他們不得不這麼做。

他也憂慮為他工作的工人們的財務境遇。讓他煩心的還有看到人們為他辛勤工作，但一回到家又陷入了更深的債務中去。他常說：「你不會在工作中致富而只能在家中致富。」

他清楚地知道他的大多數工人從未受過任何最基礎的財務教育，更別提做財務家庭作業了。這正是讓他擔心和悲哀的地方。

富爸爸的教授方式

我能從富爸爸那兒學到那麼多，是因為他有一種獨特的教學方式，一種最適合我的教學方法。

我又要再一次地提到《富爸爸，窮爸爸》中的故事：富爸爸在答應教我如何致富後，只支付給我每小時十美分的工錢。我為他工作了三個星期六，每次三小時，每天共賺三十美分。最後我火了，就去他的辦公室告訴他這是在利用我。我站在他的辦公桌前，氣得邊抖邊哭。一個九歲的孩子要求他結束這場不公平交易。

「你答應教我怎麼變富有的，可是我已為你工作了三個星期，卻從未見過你。你從不來看我工作，怎麼能教我點東西。我是賺了三十美分，可是這根本不能讓我富有。你究竟打算什麼時候教我？」

富爸爸靠在搖椅裡，隔著桌子看著這個煩躁不安的九歲男孩。沉默地對視之後，他笑著說：「我正在教你！我在教你最有價值的課，如果你真的想變富有的話。大多數人終其一生辛勤工作，可是從未學到過你學的這一課，如果你肯學的話。」他又停下來，躺在椅子裡搖來搖去，但卻一直盯著我。而我，仍站在那氣得直發抖，並思考他的話。

「你說的『假如我肯學的話』是什麼意思?我正在學的其他人從未學到過的東西又是什麼？」我邊說，邊用T恤的袖子擦了擦鼻子。我已經安靜下來，而他說他正在教我的東西卻仍令我迷惑。自從我答應為他工作以來，我從未見到過他，但現在他卻告訴我說他正在教我東西。

幾年後，我終於理解大多數人不可能靠辛勤工作賺錢，以及工作保障致富這一課的重要性。一旦我理解為錢工作和讓錢為我工作的重要區別後，我開始變得有點聰明了。我意識到學校是在教我為錢而工作，而如果我想致富，就需要學習如何讓錢為我工作。這在文字上是個很小的差異，但這幾個字的區別卻改變了我對教育的選擇以及我花時間去學的東西。如前所述，智力就是發現細小差異的能力。我需要去學習的差異是如果我想富有，就要學會如何讓錢為我工作。當我的同班同學都在努力學習如何找個工作時，我學的是不要工作。

我理解富爸爸說的「大多數人從不曾學到這門課」的涵義。富爸爸隨後向我解釋說，大多數人上班，拿到薪水，花掉；再上班，再拿薪水，再花掉；再去上班……永無窮盡，但他們從來沒學過他正在教我的這門課。他說：「當你讓我教你致富時，我想，教你第一課最好的方式，就是看看你要用多長時間才能知道為錢工作不會讓你富有。大多數人像你一樣來是找我要求加薪，但他們不知道，當他們拿到的錢愈多時，就愈不可能學到這門課。」這就是富爸爸授課的方式：行動第一，出錯第二，上課為第三步。讀過第一本書的人知道，富爸爸隨後拿走了僅有的每小時十美分的工錢，我不得不免費為他工作。下一課開始了，只要我還想學。

桌子的另一邊

另一門給我帶來巨大影響的課，是被我稱為「桌子的另一邊」的課程。在九歲那年給我上過第一節課後，富爸爸意識到我急於學習如何變富有，於是他開始讓我看他是如何做事的，例如讓我看他購買並出租房子等全部過程。大約十歲的時候，他開始讓我與他坐在一起，詢問前來他公司求職的人的情況。我靠著他，坐在桌子的一邊，聽他問應聘的人一些有關他們的簡歷，以及對到他公司來工作的態度等一些問題。這個過程很令人感興趣，我看到沒有受過高中教育的人願意做每小時賺不到一美元的工作。雖然我只是個孩子，但我也知道每天八美元的薪水，很難支撐一個家庭的生活。當我看了他們的簡歷或工作申請，並且知道這些工人不得不養活好幾個孩子時，我的心沉重起來。我知道了我的家庭不是唯一經濟緊張的家庭，當我想幫助自己家時，我也想幫助他們，但我不知道究竟該怎麼做。

良好教育的價值

坐在富爸的桌旁，我得到的一個重要啟示，是我看到了薪水支付標準上的差異，看到了沒高中畢業的工人與有大學學位的職員間的薪水差異，這足以刺激我待在學校。此後，每當我想到要退學時，一想起基礎薪水間的差異，就會提醒我良好的基礎教育背景是很重要的。

最讓我難以忘記的是一個擁有碩士和博士學位卻仍在找工作的人，要求的報酬非常低。我並不知道很多事，但我知道富爸爸每月能賺很多錢，加起來他的各個收入來源將遠多於那些受過很多教育的人。我也知道富爸爸高中沒畢業，雖然受過良好教育的工人與那些高中退學的工人間存在薪水差異，但是，我發現富爸爸知道很多大學畢業甚至博士畢業生們不知道的事情。

這麼坐在桌子後面觀察招聘過程五次之後，我終於問富爸爸覺得他為什麼要讓我坐在這兒，他的回答是：「我以為你不會問的，你覺得為什麼我讓你只是坐在這兒看被詢問的人呢？」

「我不知道，」我答道。「我以為你只是讓我待在你的身邊。」

富爸爸笑了，「我不會這麼浪費你的時間。我答應要教你致富，我正在給你你要的東西呀！那麼到目前為止你學到了什麼呢？」

這會兒，房間裡沒有應徵的人，我坐在富爸爸的身旁，沉思著他的問題。「我不知道，」我答道，「我從沒把這看成是一堂課。」

富爸爸呵呵地笑著說：「但你正在上一堂非常重要的課，如果你想變富有的話。此外，大多數人都不會有這個機會來學習我讓你學的這門課，因為大多數人只能從桌子的另一邊看世界。」富爸爸指了下我們面前的空椅子，「很少人能夠像你一樣從一開始就從桌子的這一邊看世界。可是從這邊，你看到了現實世界——人們一旦離開學校就必須面對的世界。你很幸運，因為你在離開學校前就有機會從桌子的這一邊看世界。」

「所以說，如果我想變富有，就需要坐在桌子的這一邊？」我問道。

富爸爸搖了搖頭。他開始緩慢而堅定地說道：「不是每一個人都能坐在桌子的這一邊，你應該學習怎樣才能坐在桌子的這一邊。而大多時候，學校不會教這門課。學校教的只是坐在桌子的另一邊。」

「真的嗎？」我有些疑惑地問道：「怎麼會這樣呢？」

「你爸爸說上學是為什麼？」富爸爸問。

「為了能找個工作。」我答道，「這就是人們追求的，是嗎？」

富爸爸點頭說道：「這就是為什麼他們坐在桌子的另一邊的原因。我並不是說這一邊比另一邊一定好，我想指出的僅是這中間存在區別，大多數人看不到這個區別，這就是我為你上的課。我想給你的只是你將坐在哪一邊的選擇。假如你想年輕的時候就富有，坐在桌子這一邊會提供給你絕好的機會讓你達到目標。假如你確實期望變富有，我會教你怎麼做。如果你想坐在桌子的另一邊，就聽從你爸的建議吧。」

學到的教訓

這是一堂重要的人生指南課。富爸爸不是告訴我要坐在桌子的哪一邊，而是給了我一個選擇。我自己進行了抉擇。我第一次可以選擇我想學的東西而不是對強制要求我學的東西產生對抗情緒。這也是富爸爸教我的方式，即行動第一，出錯第二，上課第三。課後，他會讓我選擇，學過這門課後，我應該做些什麼。

更細微的差別

「桌子的另一邊」這堂課包含了其他的人生轉折課。所謂智力就是發現細微差異的能力，或者是「分辨後增加見解」。坐在桌子旁，我開始從我面前發生的事情中發現更多的差異，學習新的課程。我坐在那兒好幾個小時，但只是看，卻不知從中學習和領悟。只有當富爸爸指出桌子有兩邊時，我才看到了代表完全不同的世界的兩邊。我感覺到了每一邊所要求的自我認知的差異。幾年後，我意識到坐在我桌子對面的人只是做了學校教他們做的事，即出門上班，找工作。學校教他們的就是「雇主們需要的技能」。

為了坐在桌子的另一邊，他們被教會雇主需要的技能。因為欠缺一部分教育，大多數人終其一生坐在桌子的另一邊。假如他們像我一樣從小被告知「擁有財務技能可以使你擁有桌子」，他們的生活將會出現怎樣的不同呢？

訓練你的心智

我當然知道人們在尋找不同的東西。富爸爸對我說：「大多數人離開學校是為了找工作，所以他們就發現了工作。」他解釋道，你心裡想要找什麼，你在生活中就能發現什麼。他說：「想找工作的人總能發現工作，我不想找工作，所以也沒有工作。我只是訓練我的頭腦尋找商業機會和投資。很早以前我就知道，你只會發現你訓練的大腦想找的東西。假如你想致富，你就需要教會你的頭腦尋找能讓你致富的東西，而工作不會讓你富有，所以你也不會再去找工作。」

當我對人們說西方教育體制來自普魯士時，許多人只是讓這個警示一閃而過。可是，當我說普魯士體制的目標僅是培養員工和士兵時，許多人開始留意我的話並回到我的話題上來，只不過還帶著嘲諷和一些敵意與懷疑的眼神，最生氣的人通常是這個體制裡最賣力的人。

當有人質疑我這段話的可信度時，我常會問他們這個問題：「學生離開學校後第一件要做的事是什麼？」回答是：「找工作。」他們找工作是因為這種體制就是這樣給他們規劃好了的，他們的反應就像一個優秀的小士兵。我這麼說是因為普魯士已不復存在，但它幾個世紀以來留下的古老思想卻依然存在。

我們正處於資訊時代，是到了教育人們超越尋找安全、有保障的工作這個觀念的時候了。在資訊時代，我們應被教育成不只是「學習雇主所需要的技能」的人，否則你的孩子有可能在三十歲時就過時了，如果可能，為什麼不教他們些財務技能，以便他們能在三十歲時退休呢？

你無法改變你看不到的東西

我不是想評論做員工、做士兵的好與壞或者說正確與否，社會需要各個層面的人，並且我兩者都做過。我只想說當身為教育官員的爸爸發現這個體制有問題時，他開始試圖改變這個體制。他想尋找一條能更好地為學生的未來現實生活做準備的教育道路。問題是他也是被這個體制教育出來的人，他看不出有哪些事情是他無法看到的。富爸爸則能從不同的角度來看這個體制，因為他不是這個體制的產物。他十三歲時退學，因為他父親的去世，他不得不接過家庭的重擔。在十三歲時，他學習了需要坐在桌子這一邊的技能。

為了坐在桌子這一邊，我需要學習更多的東西

一旦發現桌子有兩邊，我對如何使自己坐在桌子的富爸爸這邊頗感興趣。很快，我發現我也必須為此而學習很多東西，不僅包括學校裡的功課，還需要學習更多的學校沒教過的課程。我變得熱心於我的教育。假如我想坐在只上學的人的桌子對面，我需要學的知識應遠遠超過學校教授的知識。我還知道要坐在桌子的這一邊，我應該比學校中的聰明孩子更聰明。我要學的知識遠超過雇主們所要求的工作技巧。

最後我還發現了一些對我具

學習的四面體

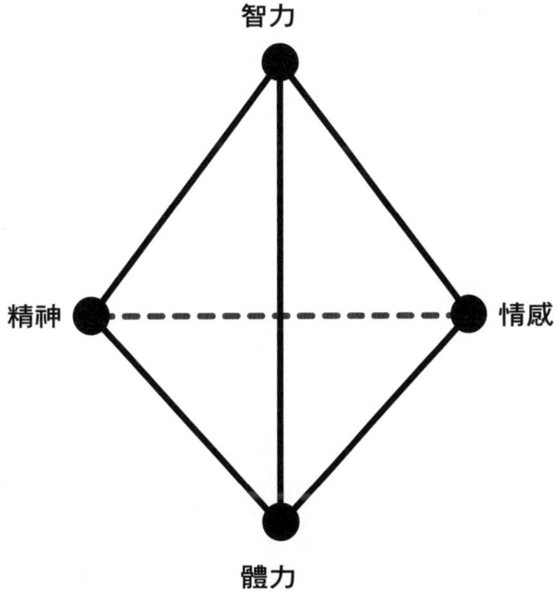

有挑戰性的事物，這些事物使我有了學習的理由，因為它們是我真正感興趣的事情。在九到十五歲之間，我開始了我的教育，並成為一名終生學習者。我還找到了我的父親苦苦尋求但卻未曾真正找到的東西——教育體制的遺漏。只有坐在桌子這一邊的人才真正知道這一體制只是用於培養尋找安全、有保障的工作的工人，而不會教他們如何致富。

當我提及教育和學習時，我經常使用我稱之為「學習的四面體」的圖表。它是在嘉納七種不同天賦分類，以及一些我個人作為企業和投資教師的經歷基礎上綜合而成的。雖然這個四面體並未基於精確的科學計算基礎之上，但它的確提供了一些有用的、可供參考的意見。

我之所以能從大富翁遊戲中收穫豐碩，是因為該遊戲引導了我的智力、體力和情感。玩這個遊戲時，我的大腦在拚命運轉思考、我的情感異常興奮，而我的體力也在幫助我能夠長時間地思索。這個遊戲用巧妙設計的競賽性緊緊地吸引住了我，它把我的大部分注意力都吸引進來，因為我正是這樣一個爭強好勝的人。

當我走進教室，被要求靜靜地坐著，聽老師講我沒興趣的課程或理解與我無關的概念時，我就忍不住分心，進而感到厭倦。我的身體開始因無聊而躁動不安，或者我會睡覺以躲避智力和情感的雙重痛苦。靜靜地坐著，試圖只用智力學習，尤其是學我不感興趣的或者令人厭煩的老師的課時，我肯定是學不好的。難道這就是家長和學校僅僅為了讓他們靜靜地坐在座位上，而使用愈來愈多的藥品在好動的孩子們身上的原因嗎？這些孩子可能是另外一種學習者，他們對於他們被要求學習的知識不感興趣。然而當他們反抗時，體制就給他們服藥！

精神學習未必帶有正式的宗教意味，儘管它也可能源自於宗教。我依靠精神的想法，則是來自於我們對諸如殘障人士奧運會之類事物的感覺和認識，即當我們看到那些身體殘疾的孩子用所有的身體、信念和精神去跑，去拚命推動輪椅時所產生的感覺。一年前，我看了一個殘疾人的節目，當時那些年輕人的精神打動了全場觀眾。當我看到年輕人艱難地轉動他們殘疾的身體時，我忍不住站起來為他們大聲喝彩。他們的奮鬥精神打動了我們每個人的靈魂。這些年輕人的精神讓我們清醒，我們到底是誰？我們到底由什麼組成？這就是我所說的精神學習。

當我在越南時，我看到年輕的戰友們奔赴戰場，雖然他們明知道這樣做的結果是死亡。這就是精神的力量，是精神讓他們捨棄自身，保全大家。我在越南還看到一些事情，但我不敢寫出來，因為害怕四起的反對聲。但是，有很多次，我的確看到一些年輕人做一些無法用體力、智力或情感來解釋的事情。這就是我所說的精神的力量。

當我參加婚禮，看到兩個人幸福地站在一起的場面時，我在心中就會想，這是兩個實實在在的人的結合。但在上帝面前，卻是精神的結合。它是兩個人靈魂的結合並進而共同走向生活的承諾。不幸的是，離婚率卻是如此之高。這似乎在說明，許多人從身體、智力和情感上結合，卻恰恰遺漏了精神的結合。所以當遇到困難時，他們就會分手。這就是我說的精神教育。我並無任何的冒犯之意，我也不希望將個人觀點強加於任何人的宗教和精神觀念之上。我只想讓大家意識到這種超越智力、情感和體力限制的力量。

認知的轉變

九到十二歲之間，我經歷了一次個人「學習金字塔」的轉變，我知道我改變了自己的體力、智力、情感和精神認知，當我看著富爸爸簽署文件、開支票、接過鑰匙時，我的一些內在認知發生了轉變。當這一切發生時，大富翁遊戲和現實生活的關係開始變得真實起來。

我一直認為自己不聰明，或者至少是不如我的兩個爸爸和「螞蟻安迪」聰明，幾年來我一直自我感覺不好，但現在我改變了認知。我自我感覺很好，並且深知以後的一生都會感覺良好，我知道我能夠生存下去，我知道我將按照自己的方式取得成功。我知道我不需要一份高薪的工作或者金錢本身來改善我的財務狀況。我還發現了一些我希望能做好的事情，並且我也知道我能做好。我發現了我想學習的東西。如我所說過的，從精神上我的一些東西發生改變了。我感到自信、興奮並學會善待自己。在學校和家裡看著母親面對一大堆帳單發愁時，我沒有這種良好的感覺。我能夠確定我是誰和我將成為誰，我知道我將成為富人，我知道我會找到一條路來幫助媽媽和爸爸。我還不知道具體要怎麼去做，但我知道我一定會成功。我知道我會在我真正希望得到成功的領域成功，而不是試圖在別人說我應該成功的領域裡去取得成功。我對自己有了全新的認識。

九歲的變化

最近，我和道格和希瑟夫婦進行了一次談話。他們是阿拉斯加華德福學校的支持者，正是他們介紹我瞭解了魯道夫．史代納的工作，並告訴我關於「九歲的變化」的理論和著作。聽完他們的談話，我以前許多學習上的困惑之處得到了解決。

當道格告訴我這所學校教授他們孩子的知識內容，以及為什麼教這些內容時，我深有感觸。道格解釋了為什麼學校讓孩子們用錘子、鋸子和針去建小帳篷，因為他們想讓孩子知道他們能在現實生活中存活。同樣的原因，他們教孩子種花、種菜、烹調和烤麵包。這是調動智力、情感、體力和精神的教育。這一教育貫穿於孩子一生最關鍵的時期，也就是史代納說的「九歲的變化」。在這一時期，孩子不再想順從父母的人生觀生活，而是想尋找他們自己的人生觀。這是孩子們一生中最具叛逆性而令人擔憂的時期，同時也是最不安定的時期。孩子們將由此走進一個不知自己到底是誰的迷惘狀態，尋找真正的自我，透過智力、體力、情感和精神學習，以便使孩子們能依靠自己的能力生存，這一點對孩子形成正確的自我認知極為重要。

我也知道許多教育者並不同意史代納關於「九歲的變化」的理論，在這裡我也不想試圖去改變任何人的觀點。在此，我只是真誠地提供你們我自己的體驗。在我九歲時，我已開始尋求某些與眾不同的東西了。我知道爸爸媽媽所做的事並不管用，我不想再走他們的老路。

至少，我對家裡的每次有關金錢的爭吵都心有餘悸。我記得父母的爭吵，以及父親在說：「我對錢沒興趣。我努力工作，除此之外我不知道還該做些什麼。」我希望發現其他一些我能做到的事情，以便我至少不會像父母那樣為錢所困。而且在我心裡，我最希望做的就是幫助我的母親。每當看到她面對一堆帳單哭泣時，我的心都碎了。每次當父親對我說「你需要努力學習以便能找個好工作」時，我的內心就會抗拒他的建議。我知道這不是生活的全部，所以我要去尋找新的答案和我自己的生活。

透過學習富爸爸的課，以及一次又一次地玩大富翁遊戲，我改變了自己思想的運行方式。我感到我正透過「眼鏡」看著爸爸媽媽看不到的世界。回想起來，我確信他們無法看到富爸爸眼中的世界，因為：

在智力上，他們被教導的是尋找工作；

在情感上，他們被教導的是尋找保障；

在體力上，他們被教導的是努力工作。

我還確信，因為他們沒有財務成功公式，在精神上，他們的財務自我認知全然被消極因素所佔據，所以帳單愈堆愈高。我的父親努力工作，薪水漲了又漲，但在財務上卻從未領先過。當他的職業生涯在五十歲達到頂峰後，他就再也無法從他的職業停滯甚至下坡中解脫，他的精神幾近崩潰。

學生在沒有準備好時離開學校

學校並不能教學生們在一日千里世界所需要的生存技能。大多數學生在離開學校時經濟拮据，並希望尋求在現實世界中已根本無法找到的保障。真正的保障只能在自己的身上找到。許多學生在智力、情感、體力和精神上都未準備好時，就離開了學校。學校系統藉由給大公司和軍隊提供穩定的員工和士兵入伍而完成了自身的職責。我的兩個爸爸都意識到了這一點，但每個人看問題的角度卻不同。一個爸爸從桌子的這邊看，而另一個爸爸則從桌子的另一邊看。

當我對人們說，「不要依賴職業保障，不要希冀公司在財務上對你負責，不要認為政府當你退休時，能滿足你的需要。」人們總會不屑一顧，嗤之以鼻。每當此時，我總感到深深的擔憂。人們太依賴工作保障而不注重自己的能力。對職業保障的需求部分來自於人們從不主動開發新的身分、不相信自己有自我生存的能力，他們寧肯踩著父輩的足印，做父輩做過的事，遵循父輩的教導：「上學去，以便你能獲得雇主需要的工作技能。」大多數人找到了工作，但只有少數人找到了他們真正尋求的保障。當你的生存是依賴別人，依賴坐在桌子這一邊的人時，是很難找到真正的保障的。

在最近一次採訪中，一位記者非常氣憤於我對教育的評價。他在學校裡成績很好，有一份有保障而體面的工作。他生氣地對我說：「你說人們不應該去當員工嗎？如果沒有員工，你知道會發生什麼事嗎？世界會一片混亂。」

我同意他的話。深呼吸一口氣後，我開始回答他的話。「我同意世界需要員工的看法，我也相信每個員工都承擔著一項重要的工作。假如員工們都不做自己的工作，公司的總裁將什麼也做不了。所以我對員工沒有任何偏見，我自己也曾經是個員工。」

「那麼，學校體制教人們成為員工和士兵有什麼錯呢？」記者問道，「這世界需要員工。」

我再次表示同意並說道：「是的，世界需要受過教育的員工，而不是受過教育的奴隸。我認為是到了讓所有學生受到能使他們真正獲得自由的教育的時候了。」

別要求加薪

如果我認為加薪能解決問題，我會告訴我所有的員工，讓他們要求加薪。假如一個工人要求太多的錢，當然這與他能提供給公司的服務有關，坐在桌子這邊的雇主就會去找另一個新工人替代他。因為如果公司費用過高，未來的發展就會受到威脅。今天許多公司消失的原因就是因為它們無力承擔過高的勞動力成本。海外公司的增加也是因為這些企業希望尋找到更低成本的勞動力。而許多工作也開始由技術取代，如旅行代理商、證券經紀人等。

但我所說的「不要要求加薪」的原因是，在多數情況下，薪水增長也無濟於事。當人們的薪水上漲後，政府的稅收相應也增加了，於是人們又陷入更深的債務之中。我的書和教育遊戲就是用於改變一個人的自我認知。如果一個人真正希望尋找財務安全，就需要實現智力、情感、體力繼而精神的轉變。一旦他們的自我認知提高了，他們會發現自己將不再過分依賴工作並開始做自己的財務家庭作業。正如富爸爸所說：「你不會在工作中致富，你只能在家中致富。」

你的家庭作業

我必須告誡那些父母們，你在家庭中對孩子的教育和學校對孩子的教育同等重要。我建議父母們應開始鼓勵孩子尋找一條使他們在三十歲時就能退休的路，是否真能在三十歲退休並不很重要，但至少它能使孩子從不同的角度思考問題。假如他們意識到他們僅工作幾年就要退休時，就會問諸如「我怎樣才能在三十歲退休？」之類的問題。一旦問了這個問題，他們就開始了透過「眼鏡」看世界的歷程。不用離開學校和尋找職業保障，他們就能發現一個屬於自己的財務自由的世界。而且誰又知道他們是不是已經發現了呢？只要他們肯做家庭作業。

最後的結局

一個人的價值不是在他或她的成績單中找到的。我們中大多數人都知道，有些人在學校裡是A等生，但在生命結束時卻是F等了。

評價一個人的教育是否成功有許多方式，其中最好的一種評價方式就是他們在離開學校後，對財務狀況的擔心程度。我曾記下一些有趣的資料，以告訴人們他們為什麼需要補充自己的教育。這些資料來自美國健康、教育和福利部，並且已在本書中用過。報告表明，接受調查的每一百人中，在六十五歲時，有一人富裕，四人小康，五人仍在工作，五十六人需要政府支援和家庭資助，其餘人死亡。

以我之見，這不是一份我們花了幾億美元和時間去教育的人們給我們的最好的成績單。

這意味著，當年我們畢業班裡的七百名學生，現在有七人富裕，三百九十二人需要政府或家庭的資助。這個結局並不好，而且這些數字中還有一個問題，即七個富人中，大約有兩個人是靠繼承遺產而不是自我奮鬥到達這一位置的。

二〇〇〇年八月十六日，《今日美國》（USA Today）發表了一篇題為「賺錢不易」的文章。文中，分析家丹尼．謝里登計算了七種能賺到一百萬美元的方式的機率。

擁有一家小公司	一○○○：一
為一家上市的網路公司工作	一○○○○：一
三十年中，每月存八百美金	一五○○○○○：一
在比賽中獲勝	四○○○○○○：一
在賭場玩吃角子老虎機	六○○○○○○：一
中彩券	一二○○○○○○：一
繼承一百萬遺產	一二○○○○○○：一

上列統計數據表明，僅有極少數人能透過繼承遺產成為百萬富翁。所以，你的孩子成為百萬富翁的更好的機會是擁有自己的企業並苦心經營，使其成功。

假如你教會孩子懂得他們能靠自己的力量生存和實現財務富裕，知道如何管理自己的財務，不陷入消費者債務之中，從不依賴於工作，那麼你就為他們進入現實生活進行最好的準備。

讓人們在晚年依賴他人生活的教育體制，並未替孩子們做好進入現實生活的準備。讓公司和政府在你晚年照顧你的想法是已經過去的工業時代的想法。你的孩子需要你們的幫助，如果他們必須擁有未來所需的財務技能的話。

父母親最重要的工作，本書第一部分闡述的是金錢只是一種觀念，同樣也可以說是一種教育。孩子的自我認知或他們關於學術和財務的觀念常常會影響他們的一生。這就是為什麼說父母最重要的工作是督促、引導和保護孩子的自我認知的原因。

第二篇 金錢不會讓你致富

富爸爸說「錢不能使你富有」。他還會接著說，金錢是一把雙刃劍，金錢有力量使你變得富有，也可使你貧窮，而且對大多數人來說，錢賺得愈多，反而變得愈窮。在他晚年，當他看到彩券的流行時，他說：「如果錢能讓你富有，為什麼還有許多中了彩券的人會破產？」

窮爸爸談到學習成績時，也說過同樣的話。

如果一個孩子帶著好成績離開學校，就一定意味著他會在現實生活中成功嗎？在學業上的成功能保證你的孩子在現實世界中也成功嗎？本書的第一部分致力於幫助孩子在智力上作好準備，應對學校生活和青少年階段的變升。書的第二部分則有助於你的孩子作好準備，以贏得在現實世界中的成功。

第八章　我的銀行家從不向我索取成績單

十五歲時，我的英文課不及格。成績之所以很差是因為我不會寫作，或者說是我的英文老師不喜歡我寫的東西，此外我的拼寫能力也很糟。這意味著我不得不重上一年高二。一下子，我不得不面對感情上的痛苦和羞愧，首先，爸爸是教育長官，是主管四十多個學校的夏威夷島教育督察。教育廳裡將充斥著嘲笑和鄙夷，因為老闆的兒子學習成績太差了。第二，不及格意味著我要和我妹妹待在一個班裡，換句話說，她在升級而我在留級。第三，留級意味著我將收不到大學足球校隊的邀請函，而足球是我瘋狂熱愛的運動。我拿到成績單那天，看到英文課程上的F後，就跑到了化學實驗室大樓的後面，獨自一人待著。我坐在冰冷的水泥地上，用膝蓋頂著胸，背靠著木製的建築物，嚎啕大哭起來。幾個月來，我一直猜想我可能會得F，但看到它真的寫在紙上，還是覺得措手不及，情緒失控。我就這麼孤獨地坐了一個多小時。

我最好的朋友，富爸爸的兒子邁克也得了一個F。他也不及格的確不是件好事，但至少在這最傷心的時候，我還有了個伴。當他穿過校園準備坐車回家時，我向他招手示意，但他搖了搖頭，繼續向接他的車走去。

那天晚上，等其他兄妹都睡覺後，我告訴爸爸媽媽，我的英文不及格，而且高二要重修。因為教育制度規定，凡英語和社會研究不及格的學生需重修整個學年。爸爸很熟悉這個政策，因為他是執行者之一。雖然他們已風聞這個消息，但仍難以接受這痛苦的事實。爸爸靜靜地坐著，只面無表情地點了點頭，而媽媽則顯得更為難過。我看到了她臉上流露出的感情變化，起初悲傷，繼而生氣。她轉向爸爸說：「會發生什麼事？羅勃特真的要留級嗎？」爸爸只說了一句話：「這是規定。在我做出決定前，我會調查此事的緣由。」

在隨後的幾天裡，我稱為窮爸爸的人，深入調查了此事。他發現我們全班三十二名學生中，老師共給了十五人不及格，八個學生D，一個學生A，四個B，其餘為C。看到如此高的不及格率，爸爸干涉了此事。他干涉此事不是因為他是我父親，而是因為他是教育督察。他的第一步是命令學校校長進行公開的正式調查。調查從和班裡多數學生談話開始。結果是老師被換到另一所學校，而且特開一個夏季學習班，給那些想提高成績的學生一個補救機會。我花了暑假的三個星期，努力學習並使成績提到了D，從而得以和班裡其他同學一起升入十一年級。

最後，爸爸認為老師和學生兩邊各有對錯。使他不安的是大多數在高二不及格的學生曾都是資優生且有望升入大學。所以他沒有刻意地支持哪一邊，而是回到家裡對我說：「這次考試不及格是你一生中非常重要的一次教訓。從這一事件中你應有所領悟，你可以生氣，怪老師，對老師懷有偏見。但你也要反省自己的行為，從這次經歷中吸取教訓並成熟起來。我認為老師是不該給這麼多學生不及格，但我也認為你和你的朋友應該更努力成為好學生。我希望老師和學生都能透過這次事件成熟起來。」

我承認我的確持有偏見。我就是不喜歡那個老師，從此以後我憎惡上學。我從來不喜歡學習我不感興趣和我知道一旦放學後就沒用的功課。雖然感情的創傷很深，我還是認真了起來，態度也有了改變，學習習慣有所改進，並終於如期從高中畢了業。

最為重要的是，我聽從了父親的建議，從逆境中掙扎出來。反思過去，我認為十年級時的不及格倒是件幸事。這次事件使我改正了學習態度和習慣。我發現假如沒有十年級時的這種改正，我一定上不了大學。

媽媽的擔憂

這一時期，媽媽非常不安。她不停地說：「你的成績十分重要。如果你成績不好，就上不了好大學，更找不到好工作，好成績對你的人生太重要了。」她絮絮叨叨地說過多次。但在這段我受到傷害並積極努力的日子中，她還是重複著這些話，聲音裡帶著更多的恐懼和焦慮。

這一時期對我而言是痛苦而難忘的。不僅因為我不及格，我還不得不上暑期班以補救不及格的成績，追上班上其他同學。這是爸爸為同一個老師教的班級中，所有不及格學生開設的暑期班。我討厭暑期班，課程枯燥，教室又熱又潮濕。把注意力放在英文課上真是件苦差事。

當我凝視窗外，穿過椰子樹，看到我的朋友們正在海面上衝浪時，我的心就飛走了。更糟的是，許多衝浪的朋友在我們興奮地跑向他們時，卻嘲諷、譏笑我們，還叫我們「笨蛋」。

四節課一上完，邁克和我就會穿過小鎮到他爸爸的辦公室，去做他安排給我們的事情。有一天，在等富爸爸的空隙，邁克和我討論起差成績對我們未來的影響。不及格和被稱為「笨蛋」的確挺傷害我們的。

「朋友們嘲笑我們是因為他們成績比我們好，而且他們能進比我們好的大學。」邁克說。

「我也聽到了，」我答道：「你認為我們會一生失敗、一塌糊塗嗎？」

雖然才剛十五歲，對現實世界知之甚少，但我們卻發現被打上了「笨蛋」和「失敗」的標記，這給我們的精神造成了傷害。感情上我們受到了傷害，智力上我們懷疑自己的學業能力，我們的未來看似一片灰暗。而媽媽也認同我們的觀點。

富爸爸的祕密

富爸爸非常清楚我們在學業上的失敗。他兒子英文課的F成績也使他不安。他很感謝我爸爸干預了此事，並為我們辦了一個暑期班，以補救我們不及格的成績。兩個爸爸都是看到了這件事積極的一面，並都給我們上了一課，希望我們能從此事中獲取經驗，儘管兩個人的課程有所不同。在這件事上，富爸爸說的不多。我相信他是在觀察我們兩個人對所處境況的反應。一旦他洞察到了我們對學業失敗的感覺和思慮，他就開始評論了。坐在房間中，富爸爸說道：「好成績很重要。你在學校的良好表現很重要，你學了多少和你有多聰明也很重要。但是一旦你離開學校，好成績就不那麼重要了。」

聽到他這麼說，我向前探了探身子。在我們家，幾乎所有的人從爸爸到他的兄弟姐妹，都是學校系統的員工，說成績不重要幾乎是褻瀆他們。「我們的成績怎麼會不重要呢？這些成績可是會跟我們一輩子的。」我既震驚又無力地說出這句話。

富爸爸搖了搖頭，然後往後靠了一靠，嚴肅地說：「聽著，邁克和羅勃特。我將告訴你們一個大祕密。」富爸爸停頓了一下，以保證我們能集中注意力聽他的話。然後他說道：「我的銀行家從不會向我索取成績單。」

這句話讓我驚呆了。幾個月來，邁克和我一直在擔心我們的成績。在學校，成績就是一切。我的父母、朋友、親戚均認為成績代表一切。而現在富爸爸的話卻震撼了我的思維方式，即我的生活會被差成績毀掉的思維方式。「你到底在說什麼？」我反問道，還不能完全理解富爸爸剛才所說的話。

「聽著，」富爸爸說，他往後搖了搖椅子，他知道我們在聽，現在他要說得更清楚明瞭。

「你的銀行家不向你要成績單？」我重複道，「難道你是在說成績不重要？」

「我說了嗎？」富爸爸反問道，「我說成績不重要了嗎？」

「沒有，」我侷促不安地說，「你沒這麼說。」

「那麼我說了什麼？」他問。

「你說『我的銀行家從不向我索取成績單』。」我答道，對我而言，這麼說太難理解了。因為我身處教師之家，好成績、考試分數和好的成績單意味著一切。

「每當我去見銀行家，」富爸爸說，「他從不說『給我看看你的成績』。」他接著說道：「我的銀行家會問『你真是個A等生嗎』？他會讓我展示我的成績單嗎？或者他會說『噢，你成績很好，我借給你一百萬美元吧』。他會這麼說嗎？」

「我想不會，」邁克說，「至少我和你一起去他辦公室的時候，他從未向你要過成績單。而且我知道他不會根據你的學習成績平均給你貸款的。」

「那麼他會向我要什麼？」富爸爸問。

「他會要你的財務報表，」邁克快速答道。「他總是要你最近的財務報表，他想看你的損益表和資產負債表。」

你離開學校後的成績單

富爸爸點了點頭繼續道：「銀行家只會要財務報表。銀行家關心的是每個人的財務狀況，他不會在意你是窮還是富，受過教育或未受過教育。不管你是誰，他們只想看你的財務報表。你們知道銀行家為什麼要這樣做？」

邁克和我搖了搖頭並等待著答案。「我從未認真想過這個問題，」邁克說話了，「告訴我們，好嗎？」

「因為你的財務報表就是你離開學校後的成績單。」富爸爸用渾厚、低沉的聲音說道，「問題是，大多數人離開學校時，還不知道財務報表為何物。」

「我的財務報表就是我離開學校後的成績單？」我懷疑地問道，「你是說它是成年人的成績單？」

富爸爸點了點頭，「它是成年人的成績單。可問題還是，大多數成年人並不真正知道財務報表是怎麼回事。」

「這是成年人唯一的成績單嗎？」我問，「是否還有別的成績單？」

「有，還有別的成績單。財務報表是你非常重要的成績單，但不是唯一的。另一張成績單是你的年度體檢報告，透過驗血和其他檢查來告訴你的健康狀況及需要改進的方面。

還有一張成績單記錄了你的高爾夫球的和保齡球比賽的得分情況。人的一生中，會有很多不同的成績單，但個人財務報表是最重要的之一。」

「所以一個人即使在學校時成績單上全得了A，而在生活中的財務報表上仍有可能得F？你是這個意思嗎？」我問道。

富爸爸點了點頭，「這種事一直在發生。」

在學校看成績好壞，在生活中看財務報表狀況對我而言，在十五歲那年的英文課成績不及格的確是極為寶貴的經驗。因為從中我理解對學校和學習，我有一種不好的態度。這次考試不及格使我驚醒，並開始轉變我對學校的態度和改正我的學習習慣。我還在生命的早期就發現在學校裡成績很重要，可是一旦離開學校，財務報表就是我的成績單。

富爸爸對我說：「在學校，學生每學期收到一張成績單。如果一個學生遇到困難，倘若他或她願意，還會有時間去克服、改正它。而在現實生活中，大多數成年人都不會收到定期一張的財務成績單，所以就有許多人在財務問題中苦苦掙扎。許多人從不會認認真真地考慮自己的財務狀況，除非他們失業了，遇到意外事故了，或者除非到了迫不得已卻為時已晚的境地。準備退休了，或因為大多數成年人不會收到定期的財務成績單，他們也就不能進行必要的財務改正以實現財務安全。他們也許有高薪工作、大房子、好車而且事業順利，但他們的財務成績仍是不及格。許多在學校成績很好的聰明學生，窮其一生只得了個財務成績不及格的分數。這就是沒有財務報表的代價。我時時翻看我的財務報表以確認我什麼地方做得好，什麼地方做得不好，以及什麼地方需要改進。」

成績單會暗示你哪些地方需要改進

從長期看，那次不及格倒成了件好事，因為邁克和我在學校中表現好多了，雖然我們永遠都成不了最優秀的學生。從州大學理事那兒，我拿到了位於馬里蘭州安納波利斯的美國海軍軍事學院，以及位於紐約的美國商業船舶學院的入學通知書。邁克因為決定繼續留在夏威夷當他爸爸的學生，就選擇了就讀夏威夷大學，並於一九六九年畢業。而我也同年從美國商船學院畢業。的確，從長遠來看，那次不及格的經歷是無價的，因為它使邁克和我改變了對學校的態度。

在學院裡，我克服了對寫作的恐懼，並開始喜歡它，雖然我仍是個差勁的作者。我很感謝在學院裡教授了我兩年英文課的教師諾頓博士，他幫助我克服了對英文的自信心不足、曾經的恐懼和偏見。如果沒有諾頓博士，我懷疑我今天能否成為《紐約時報》和《華爾街日報》的作者。有時我想，如果我十五歲時沒有得到不及格的成績，如果在這段時間內得到家人的幫助，我絕對不會進行人生的改變並成為暢銷書作者。這就是成績單，尤其是不好的成績單的重要性。

最後，我意識到，成績單並不是測試我們已知的東西，而是告訴我們在生活中尚需改進的地方。個人財務報表也在告訴我們同樣的道理。它是你在財務方面進行得好壞的報告單，是你一生的成績單。

你的孩子也需要一份財務成績單

九歲時，我開始接受了財務啟蒙教育，在這一年，富爸爸向我介紹我的財務成績單。讀過《富爸爸，窮爸爸》一書的人，會記得富爸爸的第二課就是教授財務知識的重要性，或者說是，教授你一旦離開學校後閱讀財務報表的能力。

我沒有意識到富爸爸是在幫助我和他的兒子為進入現實世界做準備。但他的確透過教我們基礎財務知識而為我們做好了進入現實世界的準備。而這些課通常不會在學校中教十幾歲的孩子，也不會教成年人。對財務報表的初步瞭解給了我極大的財務自信和對金錢的成熟看法。我明白了資產和負債、收入和費用的不同，同時還瞭解到現金流的重要性。許多成年人因不瞭解它們的微妙差異，以及缺少必要的財務教育，導致在辛苦工作、賺很多錢後，仍不能在財務上領先。

但是我從理解財務報表如何運作中得到的不止是自信心。富爸爸常說的三個C，即自信（confidence）、控制（control）和改正（correction）。

他曾對他的兒子和我說：「如果你們瞭解了財務報表的真正作用，你們就會對自己的財務更有信心，更能控制自己的財務。尤其重要的是，當財務出現偏差時，你們能夠及時改正。缺少財務知識的人在財務自信上就會不足，所以他們疏於控制和改正。直到事情已無可挽救時，他們才會意識到自己的錯誤。」

很小的時候，我就開始透過智力、情感、體能和精神來學習3C的技能。那時我並不完全明白，直到今天我仍沒有完全弄明白，但基礎財務教育的確是長期的、終生的財務學習的基礎。

這一基礎財務教育開啟了我一生的財務學習之門，可以說我對財務報表的理解，為我一生的財務學習奠定了良好的基礎。

我的第一張圖

富爸爸用簡單的圖示開始。

一畫出圖後，富爸爸希望我們能理解各個財務術語、定義及其相互關係。

我知道了術語和圖表的相互關係。我曾與受過財務培訓的人談話，他們說儘管他們在學校上過會計課，但仍然不太明白各個財務術語間的關係。可是富爸爸說：「關係才是最重要的。」

財務問題從何而來

窮爸爸常說：「我們的房子就是資產。」這正是他大部分財務問題的起源。這是對資產定義的誤解或者未能發現其定義間細微的差異，而就此導致了爸爸和大多數人的財務困難。

向池塘裡扔一個小石子，你會發現以小石子落入水中的位置為中心，會泛起層層漣漪。當一個人開始人生歷程，而不能瞭解資產和負債的差異時，漣漪將會引起他們以後生活中的財務問題。這就是富爸爸為什麼說：「關係才是最重要的。」

雖然前幾本書中，我已講過這一課，但仍有必要重溫。這是在孩子的生命早期，給你的孩子一個財務頭腦啟蒙的極為重要的第一步。

如何定義資產和負債？

如何定義資產和負債呢？當我翻查到字典中關於它們的定義時，我更加迷惑不解了。其實這個問題正是反映了這些定義只是針對了智力學習，而忽視了感性學習的需求。財務報表的簡單圖示給了這個定義以感性學習的可能，雖然只是一張紙上畫的幾條線。

為闡明我的觀點，不妨先看一下字典中關於「資產」一詞的定義。

1. 死人的財產。
2. 一個人、組織、公司的各類財產之和。
3. 資產負債表上用於說明所擁有財產帳面價值的專案。

對那些擁有語言天賦的高智商的人來說，這個定義可能很清楚。也許他們還能深入理解這個詞並明白資產到底是什麼。但對一個九歲的孩子來說，這個詞什麼也說明不了。對一個正在學習致富的九歲男孩來說，字典中的定義無疑是不夠充分和具有誤導性的。如果智力就是發現細微差異的能力，為了成為富人，我就需要發現比字典所提供的差異更多的細微差異，我還需要它們用詞語以外的多種形式表現出來。

富爸爸把這個定義生動地表達出來從而增加了它的差異性。這樣做的結果是使我能夠發現隨著生活的改變而出現的細微差異。他只用一張紙就達到了這個效果，並讓我看到了損益表和資產負債表之間的關係。他說：「決定某樣東西是不是資產的是現金流，而不是你列在資產負債表上的廢物。現金流是金錢世界中最重要的辭彙，同時也通常是最不被理解的辭彙。」

大多數人能看到現金，但卻看不到它的流動。但也正是現金流決定了一樣東西到底是資產、負債還是廢物。

關係

「正是收入表和資產負債表之間的現金流，決定了到底什麼是資產、什麼是負債。」富爸爸反覆強調。假如你想給你的孩子進行早期生活中的財務啟蒙教育，請記住這段話並不斷對你的孩子重複說起。如果這段話真能進入他們的心中，他們就會理解這段話並不斷重複。

如果你的孩子不能理解這段話，他們就有可能上街買回高爾夫球棍並把它們放在車庫內。當他們到銀行申請貸款時，會把高爾夫球棍作為資產列在資產負債表內。富爸爸說，放在車庫裡的一套高爾夫俱樂部的行頭不是資產。但在許多貸款申請書裡，你都會看到人們把高爾夫球俱樂部的一袋行頭列為資產，而其實它們是廢物。它們被列在資產項下的「私人物品」一欄內，也就是你可以把你的鞋子、手提包、領帶、家具、盤子和破舊的網球拍列入資產的地方。這正是大多數人不富有的原因，他們不知道損益表和資產負債表之間的關係。

下圖為一項資產的現金流圖示。換句話

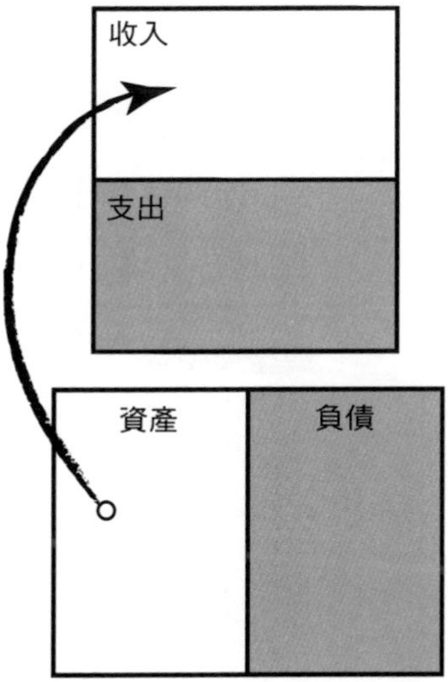

說，資產就是使錢流入「收入」欄的現金。

在下面，我們會看到一項負債的現金流圖示。換句話說，負債就是使錢以「支出」欄流出的東西。

你不需要是火箭科學家也可以搞得清楚資金來往的差異。為強化邁克和我的基本概念，富爸爸常說：「資產把錢放在你的口袋裡，而負債則從你的口袋裡掏錢。」作為一個九歲的孩子，我理解了。可是對許多成年人來說，仍不知所云。

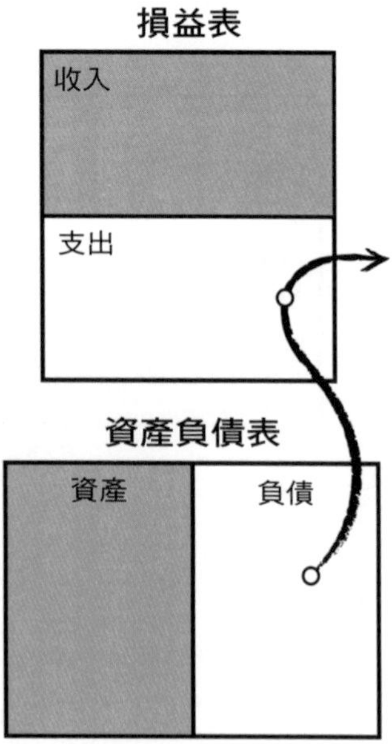

隨著我長大並理解許多成年人依賴工作保障，富爸爸改進了這個定義。他說：「如果你失業了，資產會養活你，而負債會吃了你。」他還說：「大多數員工無法停止工作是因為他們買了自以為是資產的負債，每個月都得付清帳單以餵養那些他們自以為是資產的負債，他們就是這樣在有生之年被他們的『資產』一點一點地吃掉了。」理解這個定義可能有些複雜，但一旦坐在申請工作的人的桌子對面，或聽到他們被解雇時的哭喊聲，我就明白瞭解資產和負債間的不同是如此重要。在我十五歲之前，我明白了理解這些定義差異性的重要程度。對我而言，這是我一生中受到的極其重要的財務啟蒙教育。

財務教育步驟

綜合上面所述，第一步是從簡單的圖示和連續幾年中反覆強化這些基本知識開始的。今天，人們仍在說房子是資產，也許從某種意義上說，這是對的。但是如果智力就是發現細微差異的能力，那麼對任何一個想致富的人來說，知道基於財務報表之上的更加細小的差異和現金到底如何流動，將是十分重要的。我認為到六十五歲時，一百人中只有一人富裕的原因，正是由於大多數人不知道資產和負債的差異。人們為工作安全辛苦奔波並收藏他們認為是資產的負債。

假如你的孩子買他們認為是資產的負債，他們就不可能在三十歲前退休。假如他們堅持買他們認為是資產的負債，那麼，無論他們從哪所學校畢業，成績好或差，工作有多努力或者賺了多少錢，都只是終生辛苦操勞卻不能在財務上領先。這就是財務知識基礎的重要性。對資產和負債理解的偏差所導致的後果，將如同投入池塘中的小石子，漣漪效應會持續影響你孩子的餘生。

我並不是說不買房子，也不是讓你償清你的抵押貸款。我想對那些希望變富有的人說，你們需要更多的財務知識，這會使你們擁有比一般人更強的發現細微差別的能力。如果你希望瞭解更多的差異，請重溫我其他幾本富爸爸的書。

每本書從不同方面入手，講述了財務知識間的巨大差異，這將有助於提高你的財商。如果你已詳細讀過上面幾本書，你就已有可能會好好地影響你孩子的財務未來。畢竟，富人愈來愈富，窮人愈來愈窮，中產階級深陷債務之中並支付過多不合理的稅額的原因之一，金錢課是一門在家裡，而不是學校裡教授的課程。財務教育是由父母教授給孩子的。

我的銀行家想知道我有多聰明

我為進入現實世界做的第一步準備，是讓自己熟悉現實世界的成績單，也就是由損益表和資產負債表組成的財務報表系列。如富爸爸所說：「銀行家從不向我索取成績單來看，他們只想看我的財務報表。」他又繼續說道：「銀行家對我在學習上有多聰明不感興趣，他們只想知道我在財務上有多聰明。」

下個章節我將介紹更多具體方法，使你的孩子在進入現實世界之前，在財務上變得更加聰明。

第九章 孩子們在玩耍中學習

一天，爸爸和我在看兩隻小貓玩耍。牠們互相咬彼此的脖頸、耳朵、抓撓對方、叫喊，有時還踢對方。如果我不知道牠們是在玩，還會以為牠們在打架。

窮爸爸說：「小貓是在相互教授對方天賦的生存技能。如果我們把這些貓扔到野外，不餵牠們食物，牠們現在正學的這些生存技能會讓牠們在野外活下去。牠們藉由玩耍來學習和保留這些技能。人類也是按同樣的方式來學習的。」

現實世界中的財務生存技能

我曾遇到最艱難的一件事是關掉自己的工廠並辭退三十五名忠實的員工。因為我無力與亞洲和墨西哥的廠家競爭，我不得不關掉我的工廠。我的勞動力成本和政府的稅收太高了。我沒有去和他們拚個你死我活，而是決定和競爭者合作，把工廠搬到海外。我成功了，但我的員工卻遭受損失。當人們問我為什麼我會寫關於金錢的文章，而事實上我無須如此去做時，我常常會想起與我的員工們說「再見」的那一天，這就是所有的原因。

關閉工廠時，我付給每個工人每小時不到三．五美元。今天，二十年過去了，當年的這些工人現在每小時的最低薪水大約為五美元多一點。即使他們的薪水還會有所增加，但我不認為這種增加能對他們有什麼幫助。他們擁有的唯一生存技能就是從一個工作到另一個工作，拚命工作，試圖多賺些錢。正如富爸爸教我的話：「金錢本身不能讓你富有，這就像安全、有保障的工作不一定能讓你感到安全和有保障一樣。」

為了財務上的生存和感到財務安全，人們需要在進入現實世界之前，培養財務生存技能。如果他們在進入現實世界之前沒有掌握這些技能，現實世界會有另外一些金錢課等著你的孩子去上。今天，在學校系統內已可以看到這一幕。年輕人不僅帶著信用卡債務離開學校，許多人還背負著學校的貸款離開學校。盡可能早早地教你的孩子如何進行金錢管理非常重要。教授他們的最好方式是與孩子們一同玩耍，因為玩耍是上帝和大自然賦予年輕生命的學習方式——即使是小貓們也是如此。

讓教你孩子致富的過程充滿樂趣

我能從富爸爸那裡學到如此多有關金錢的知識，是因為他讓學習的過程充滿樂趣。他總是玩遊戲，並不試圖對我進行「填鴨式」教育，把知識硬塞給我。如果我不想學某樣東西，他會讓我去做我有興趣學習的東西；或者他會努力教得更有趣些。他總是讓現實世界的事物具體化，使我可以用身體去看、摸和感覺。

最為重要的是，他從不會傷害我的心靈，而總是鼓勵我在心靈上強大起來而不是變弱。當我犯錯誤時，他鼓勵我去汲取教訓而不是給我「正確」答案。他耐心且充滿愛意地教我，他盡力挖掘我身上的聰明孩子天分，而不是把我看成是無能的、反應遲鈍的孩子或者給我貼上「學習殘疾」的標記，因為我總得花稍長一點的時間去能理解一些事情。他按我的學習時間表和我對學習的願望來教我，而且不用我通過考試。他並不像許多家長那樣，擔心我在成績上競爭不過其他孩子。聰明爸爸也是按大致相同的方法在教我。

大量生產的校園工廠

現行教育體制並不允許教師們按這種方式教學，也不允許教師們有足夠的時間給每一個孩子必要的關心。這個體制只讓教師們按照大規模生產計畫來造就孩子。學校系統就是按照工廠的生產計畫，而不是孩子們的學習計畫來運轉的工廠。許多教師試圖改變這個系統，但如我所說，教育體制就像是被設計成僅是為了生存而不能改變的鱷魚。這就是為什麼父母和孩子的家庭作業非常重要的原因，其重要程度遠甚於你的孩子帶回家中的學校作業。

我曾聽一位重點大學的教授說：「到了九歲，我們就能知道一個孩子能否在我們的學校系統裡順利學習。我們會知道這個孩子是否擁有我們需要的素質，以及是否能很聰明地應對這一系統的苛刻。不幸的是，我們還不能向不適合該系統的孩子們，提供另一種可供選擇的系統。」

在我小的時候，我們家總會來很多教育界的人士。他們都是很好的人。當我到富爸爸家時，他們家則擠滿了商界的人，他們也都是很好的人。但我知道，他們並不是相同的人。

啟蒙自己

隨著我長大，許多人問我是否會沿著父親的足跡，也成為一名教師。我記得當時我說：「才不呢！我要進入商界。」很多年後，我發現我實際上深愛教書這一行。一九八五年，我開始教企業家們商業和投資課，並深為喜愛這一工作。我喜歡教課，是因為我在按我能學得最好的方式去教人們怎樣學習。我透過做遊戲、合作競爭、分組討論和獲取教訓能學得最好。我從不懲罰犯錯，而是鼓勵出錯。我不是讓學生獨立參加考試，而是讓參與者按小組組隊來參加考試。我的教室不是靜悄悄的，而是充滿了討論聲和搖滾背景音樂。換句話說，我上課的方法是行動第一、出錯第二、汲取教訓第三、大笑第四。

也就是說，我採用了與學校系統完全相反的教學方式。我教課的方式基本上是兩個爸爸在家裡教我的方式。我發現許多人更喜歡這種學習方式，而我做為教師也從中賺了一大筆錢。因為通常，每個學生我會收上千美元。我應用兩個爸爸的教學方式和富爸爸關於金錢和投資的課程，我發現我進入了我發誓永不介入的職業中。我或許已成為專業教育者，但我儘量引導人們按我的方式去學。如他們的行話所說：「找對位置鑽進去。」我找到了一個極好的位置，在這兒有一大群喜歡充滿樂趣和激情地接受教育的人們。

在八〇年代中期建立這個教育公司時，我的妻子金和我急於尋找喜歡按這種方式教課的老師。我們的首要條件是這位老師在現實世界中非常成功且熱愛教學工作。可這樣的人太難找了，現實世界中，有許多人熱愛教學，但他們中許多人在商業、金錢和投資領域裡並不成功。還有一些人對金錢和商業很精通，但卻不是好老師，關鍵是要找到兩者兼備的人。

學生的天才

我曾有幸跟隨R．巴克明斯特．富勒博士學習。他常被稱作是歷史上最有成就的美國人，因為沒人比他的發明專利更多了。他也常被稱為「我們星球上的友善天才」。美國建築學院認為他是個偉大的建築家，雖然他並不是個建築師。哈佛大學把他看作該校最著名的畢業生之一，而富勒卻並未從哈佛畢業。他曾兩度被開除，並未完成在那兒的學業。在我跟著他學習的某一天，富勒說：「如果老師知道自己在說什麼，學生就會成為天才。」我們的工作不是找個老師，而是尋找知道自己在說什麼的人並鼓勵他們去教授學生。

藉由教課而變得聰明

我從授課中所獲的收益遠不止教授的快樂和賺了一大筆錢，我發現藉由教課我也學了很多東西。當我上課時，我必須使自己全身心投入以發現班上學生需要學習的課程。透過和參與者的交流以及分享我們個人的看法和發現，我也學到了很多東西。有鑒於此，我建議父母們花些時間來教自己的孩子，父母也將從中受益匪淺。如果父母希望改變他或她自己的財務狀況，一種方法就是尋找新的財務觀念並將它們傳給自己的孩子。請在傳授你的孩子舊的金錢觀念之前，尋找新的財務觀念。許多人有財務問題是因為他們接受了父母的舊的金錢觀念，然後他們又把同樣的金錢觀念傳給孩子。這也許可以解釋為什麼窮人總是很窮，而中產階級一旦從學校畢業後辛勤工作，仍深陷債務之中。他們在做從父母那兒學到的事情。

因此，最好的學習方法之一就是教授你想學的東西給別人。就像星期日學校那樣，「給予，你就會收穫。」你投在教授孩子金錢課上的時間愈多，你就會變得愈聰明。

學習三步曲

富爸爸教會我學習金錢的三步曲：

第一步：簡單的圖表。我的教育從強調理解定義的幾張簡單圖表開始。

第二步：玩。如我所說，藉由動手我能學得最好，所以許多年來，富爸爸總讓我們填遊戲財務報表。有時，當我們玩大富翁遊戲時，他會讓我們把四所綠房子和一家紅旅館放進我們的財務報表裡。

第三步：現實生活。現實生活從我和邁克十五歲時開始。當時我們不得不填寫財務報表並把它們交給富爸爸。就像所有的好老師一樣，他會給我們評分，告訴我們哪裡做得好、哪裡需要改進。幾乎四十年了，在現實生活中，我一直繼續我的教育和填寫財務報表。

損益表

收入
支出

資產負債表

資產	負債

如何開始教授你的孩子金錢知識

我建議多數家長從第二步開始。雖然富爸爸是從第一步：簡單地畫圖開始，我卻是很謹慎地對孩子談起這些抽象的詞語，如損益表、資產負債表。當我對一些成年人講這些圖時，他們的眼睛都睜大了。事實上，我不會講第一步，除非我確信孩子們感興趣或願意去學這些概念。我之所以按上述三步學習，是因為我好奇，所以富爸爸選擇了這個步驟。

我常常建議從大富翁遊戲開始，我還注意到一些孩子是真正喜歡這個遊戲，另一些孩子也玩這個遊戲但並不是真的感興趣。我的許多投資家和企業家的朋友告訴我他們也花幾小時玩大富翁遊戲並為它癡迷。沒有這份癡迷，我不會強迫年輕人去接受有關金錢、投資和財務報表的課程的。

孩子們的現金流

一九九六年，在我發明了教授成年人學習財務報表原理的桌遊「現金流」（成人版）後，市場反映表明需要為孩子們設計類似的遊戲。因此在一九九九年，我們推出了教導孩子們現金流管理和財務報表基礎知識的「現金流」（兒童版）遊戲，財務報表是孩子們離開學校以後的成績單。

改變後的態度

在印第安那州印第安那波利斯城，有一位非常具有改革精神的老師戴維．斯蒂芬斯，開始在他的高中班使用「現金流」（成人版）遊戲並取得了巨大的成功。他發現遊戲確實改變了許多學生的生活態度。戴維特別談到一位學生差點兒因學習成績差和不愛上課要退學了，但在玩過「現金流」遊戲後有了巨大的轉變。這位學生這樣說到：

「我退出小團體的不良活動，例如吸大麻、酗酒等，變成一名目標明確、意志堅決的高中生。我有信心有一天成為創造這一遊戲的成功人士，我從玩這一遊戲中受益匪淺。我不太記得以前的日子，只記得去玩『現金流』遊戲。這真是個神奇的遊戲，它用簡單和天才的觀念，傳授給我賺錢的概念，並把我帶入此刻我還未知的現實生活中。在這點上，沒有任何東西像這個遊戲那樣為我開啟了這樣一扇門。它給了我上學並渴望參與其中的理由。因為玩這個遊戲，我進了學生會，並在那兒教初中生『現金流』中闡述的觀念。我現在還是馬里恩青年會的主席，在金融學會中擔當領導職位。在州 DECA 競賽中，我榮獲第一名並參加了全國比賽。我還在學校成立日語 BPA 俱樂部。最近，與其他投資者一起，我們正忙於在我們社區建立東部社區中心。正如你看到的那樣，遊戲給了我走向成功的新希望。同時，我的成績、態度和生活方式也有了巨大改變。展望未來，我渴望學習並去教授所有想學習我所知道的知識的人。有時，你轉動骰子，事情就完全不同了。」

「在此，我對清崎先生致以深深的謝意和真誠的讚美。總有一天，你們會看到你們工作的結果，我希望我是第一批證明你的方法有用、有效的人之一。這有點陳腔濫調，但它精確地總結了我的經歷：『林中分兩路，我走了罕有人至的一條，於是一切都從此改變。』」對這個學生，我所有的回覆是：「哇，好棒的年輕人！」這件事給了我極大的光榮，使我知道我們的產品在幫助年輕人矯正生活方向上，發揮了十分積極的作用。

戴維．斯蒂芬斯的支援並不僅限於此。當他聽說專門發明了給孩子的「現金流」（兒童版）遊戲時，他又想到了另一個改革點子。他讓一組已很熟悉「現金流」（成人版）遊戲的高中生們，年齡從十六到十八歲不等，去小學教七到九歲的孩子玩「現金流」（兒童版）遊戲其效果非常好。

首先，小學校的老師很高興能有大約八個高中生在整個下午幫助他。每個高中生和四個小學生一起玩「現金流」（兒童版）遊戲。現在不再是一個老師帶三十個學生，而是一個「老師」帶四個學生。結果當然很好。小學生玩得很高興，高中生們也一樣開心。學習的過程變得更加個性化和具體化。在較短的時間裡，高中生和小學生都學到了很多東西。

老師們也很高興有這樣一種活潑的學習方式。教室內不再是沉悶的講課聲和喧囂的雜音，代之以歡快的聲音和集中精力的學習。遊戲結束後，孩子們會大聲地說：「啊哈，讓我們再玩一次。」

額外的收益

還有些我沒計算在內的事，即額外的收穫。當高中生要離開時，許多小孩子跑過來，或攔住他們的新老師，或抓住他們的手。這些小學校的孩子們有了新的榜樣。今天當更多的問題學生出現在大庭廣眾之下並引起人們注意時，戴維．斯蒂芬斯的學生們卻衣冠整潔、溫文爾雅、聰明且專注於自己的教育和未來。

當高中生對小學生們說「再見」時，我能感覺到這些小孩子們非常崇拜他們的新老師，他們可能對自己說：「我想和他們一樣」。

高中生的看法

當我問高中生們，從這樣的體驗中他們的收穫是什麼時，他們的看法如下：

- 我真的發現我喜歡教課，現在我在考慮把教學作為我的職業。
- 藉由教小孩子們，我也學到了很多知識。當我必須教別人時，我學得更多。
- 我真驚訝孩子們學得那麼快。
- 回家後，我會改變對弟妹的態度。

我分享他們的看法，同時也吃驚地發現高中生們竟會如此成熟。

增進孩子的自信

第二步的關鍵是要在金錢、金錢管理和財務報表的學習過程中玩耍，充滿樂趣，並開始點燃學習興趣。看一下圖中的學習金字塔，你會明白如何讓學習更有效果。

學習金字塔因為遊戲是直觀教育工具，它涉及到了學習金字塔中的四個點。遊戲使感性學習者一樣能按照擅長智力或抽象學習的孩子們的方式來學習。它讓人盡情投入，因為遊戲有趣且令人興奮。遊戲中用的是假錢而不是真錢，所以出錯也不至於太令人痛苦。許多成年人離開學校時害怕犯錯誤，尤其怕犯財務錯誤。遊戲卻讓各個年齡段的孩子都犯財務錯誤，並且從中學到了

學習的四面體

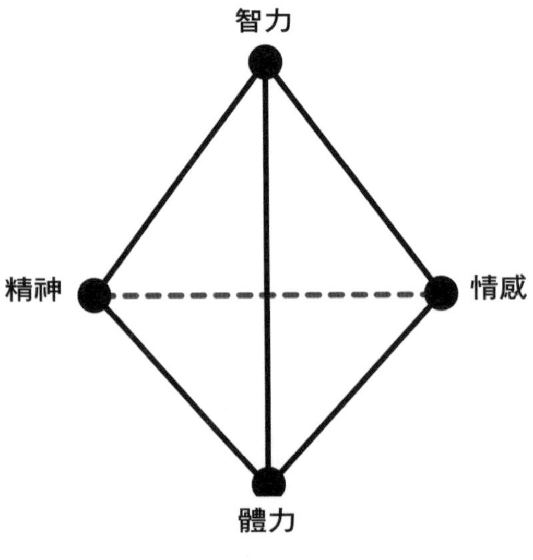

財務知識而又不能免卻賠錢的痛苦。假如你贊同魯道夫．史代納的關於九歲時的變化的觀點，那麼一個知道自己擁有財務生存技能的孩子會更加自信，而且將很少有靠職業保障來實現財務安全的想法。將來孩子們還有可能在成年後不至於深陷消費者債務之中。更為重要的是，學習如何管理金錢並瞭解財務報表是如何運作的，會在孩子們面對現實世界時，增加更多的自信。

遊戲已經使用了幾個世紀

今天，在商店內能買到的大多數遊戲是娛樂性遊戲。而幾個世紀以來，遊戲卻都是用於教育。王室用國際象棋來培養孩子們的戰略思維。這種遊戲常用於幫助男孩們做帶領軍隊打仗的準備。十五子棋也用於培養戰略思維。我曾從書中讀到，王室發現了訓練身體和思維的必要性，而遊戲正是他們訓練思維的方法，他們想讓後代去思考而不是死記答案。今天，我們當然不需要訓練孩子去打仗，但涉及到金錢，我們的確需要教孩子從戰略角度思考。國際象棋遊戲和現金流遊戲的相似之處在於它們都是沒有答案的遊戲，都是使你從戰略角度思考並為未來做計畫的遊戲。你每玩一次，結果就不一樣。每一次改動或變化，你的短期策略也要隨之改變，以保證長遠計畫的有效性。

遊戲幫助你的孩子看到未來

一天當我玩大富翁遊戲時，富爸爸說了一段我終生難忘的、有趣的話。他一邊指著遊戲板一邊說：「你認為把遊戲板這邊的財產全買下，並在上面放入紅旅館，需要花多長時間？」

邁克和我聳了聳肩，我們並不知道他指的是什麼：「你是指在遊戲中嗎？」

「不，不，」富爸爸說，「我是指在現實生活中，現在我們已玩了快兩個小時了，我已占據了紙板這一邊所有的財產，並在上面放入了紅旅館。我的問題是，你們在現實生活中做到這一切要花多長時間？」

邁克和我又聳了聳肩。十一歲那年，我們對在現實生活中完成一件事要花多長時間還沒什麼經驗。我們倆看了看遊戲板上富爸爸的這一邊，上面立著六座紅旅館。我們知道每次當我們靠近這一邊時，我們常常是依靠他的財產並付掉了許多錢。「我不知道。」邁克最後說。

「我想應該要二十年。」富爸爸說。

「二十年！」邁克和我驚叫起來。對兩個僅十幾歲的孩子來說，二十年太不可思議了。

「歲月如梭，」富爸爸準備開講下一課了，「許多人讓歲月流失，卻從未開始過。突然間他們會發現自己已年過四十，通常是深陷債務之中，而且孩子還要上大學。他們把一生中的大部分光陰都用於為錢辛苦地工作，而後陷入債務之中，為支付帳單窮其一生。」

「二十年。」我重複道。

富爸爸點了點頭，等著我們消化這句話。最後他說：「你們的未來從今天開始。」他看著我又說道：「如果你想按你爸爸的路走，即拚命工作以支付帳單，現在你就能看到二十年後的你，即今天的他。」

「但是要二十年，」我抱怨道：「我想快點變富有。」

「大多數人都想，」富爸爸說，「問題是大多數人都在按部就班地走老路，即上學、找工作。這成了他們的未來。大多數人工作了二十年，可是辛苦之後卻仍沒留住什麼。」

「那麼，二十年中我們要一直玩這個遊戲。」邁克說。

富爸爸點了點頭，「孩子們，這是你們的選擇。它也許僅僅是個兩小時的遊戲，但它的確有可能是你們今後二十年內的生活。」

「我們的未來從今天開始。」我看著富爸爸的六座紅旅館，靜靜地說。

富爸爸又點了點頭說：「它僅僅只是個遊戲呢，還是代表了你們的未來？」

五年的延誤

在《富爸爸投資指南》一書中，我提到在一九七四年，我從越南回來並從海軍陸戰隊退役後，才開始了我的致富計畫。我原打算一九六九年從大學畢業後就開始我的二十年長遠計畫，但越戰使我在現實生活中玩遊戲的計畫延遲了五年。一九九四年，正好在我開始玩遊戲的二十年後，我和妻子購買了我們最大的「紅旅館」之一並退休了。那年我四十七歲，而她三十七歲。大富翁遊戲讓我看見了未來，它把二十年的教育壓縮在了兩小時內。

我的優勢

我相信我比其他也玩大富翁遊戲的孩子們有優勢，因為我懂損益表和資產負債表，即財務報表。我知道資產和負債、企業、股票和債券的不同。一九九六年，我創造了「現金流」遊戲，用它連接大富翁遊戲和現實世界。如果你和你的孩子喜歡大富翁遊戲，且對建立企業、投資等感興趣，我的遊戲將成為你們教育過程中的下一步。我的教育性的遊戲可能有點難，需要花較長的時間來學習和掌握。但一旦你學會了，你就能在幾個小時裡看到你的未來。

財務報表是財富的基礎

富爸爸常說：「我的銀行家從不向我索取成績單。」他還說：「人們在財務問題中掙扎的原因之一是他們在離開學校時，還不知道財務報表為何物。」

創造和留住鉅額財富的基礎是財務報表。無論你知不知道，你都有一份財務報表。企業有財務報表，一棟房地產有財務報表。在你買一家公司的股票前，會有人建議你先看一下該公司的財務報表。財務報表是處理金錢事務的基礎。不幸的是，大多數人離開學校時還不知道財務報表為何物。這就是為什麼對大多數人來說，大富翁遊戲只是一個遊戲的原因。

我發明「現金流」遊戲是為了教有興趣的人瞭解財務報表是什麼，怎麼使用，怎樣在享受樂趣的同時控制他們的未來。下一章中，你會看到「現金流」（成人版）遊戲和「現金流」（兒童版）遊戲中使用的一些財務報表。你會注意到兩個遊戲中都有財務報表，只不過其中一個更適合孩子們的思維。

金錢遊戲第二步是更重要的學習部分。寓學於樂非常重要。充滿樂趣地學習總比帶著賠錢的恐懼去學習要好。涉及到金錢，我總聽一些父母用恐懼和反感的態度提及，而不是歡快和興奮。當今，家裡的主要爭吵內容就是關於錢的事情。孩子在其中也染上了對金錢的恐懼和不滿。在許多家庭中，孩子學的是錢很稀有的，很難賺到，所以你必須努力工作。我和父母待在家裡時，也常聽他們這麼說。可和富爸爸在一起，學到的卻是賺錢就是一種遊戲，遊戲中樂趣無窮。我選擇了在生活中以賺錢為遊戲，並樂在其中。

下一章中，我會重複第三步，其中包含了更多的現實生活，或者是我所說的更多的真錢。你可以用它來幫助訓練你的孩子，為進入現實世界做好準備。

第十章 為什麼儲蓄者總是損失者？

有個朋友最近向我徵求財務建議，我問她出了什麼問題，她回答說：「我有很多錢，但我害怕投資。」她一生努力工作並存了二十五萬美元。

當我問她為什麼害怕投資時，她答道：「因為我害怕失去它。」她繼續說：「這是我千辛萬苦賺來的錢，是我工作了很多年才存下來的。現在我要退休了，我知道靠它來度過餘生是不夠的，我也知道應該去投資以獲得良好回報。可假如在我這個年紀一旦失去它，我就不可能再工作去賺回來了。我已老了。」

過時的賺錢公式

前幾天我看電視時，看到一位兒童心理學專家在節目中做金錢廣告。他說：「教你的孩子去儲蓄非常重要。」隨後的採訪中，夾雜著一些陳腔濫調，如「盡可能提早養成好的儲蓄習慣」、如「存一美分就相當於賺了一美分」和「存錢是為了未雨綢繆」等。

我的媽媽常對她的四個孩子說：「既不要欠債，也不要借別人錢。」爸爸常說：「我希望你們的媽媽停止從貸款人那裡借錢，這樣我們就可以拿出些錢來用於儲蓄。」

我聽許多家長對他們的孩子說：「上學，取得好成績，找份好工作，買房子並存錢。」

在工業時代，這是份很好的賺錢公式。但在資訊時代，這個建議可能就是失敗公式。為什麼？只因為你的孩子在資訊時代裡需要更錯綜複雜的財務資訊，其複雜程度遠超過把錢存在銀行裡或退休金儲蓄帳戶裡。

富爸爸的儲蓄課程

富爸爸會說：「儲蓄者總是損失者。」這並不是說他反對儲蓄。他之所以說「儲蓄者總是損失者」，是因為他希望邁克和我不僅僅是儲蓄者。在《富爸爸，窮爸爸》一書中，富爸爸的第一課是「富人不為錢工作」。他希望邁克和我不要為錢工作，而是讓錢為我們工作。

雖然儲蓄也是一種讓錢為我們工作的形式，但在他的意識中，簡單地存錢並試圖依賴利息生活是損失者的遊戲。他可以證明這一點。

我愛我的銀行家

首先，我愛我的銀行家。這麼說是因為讀過前幾節的人會以為我反對銀行和銀行家。這有些離譜，事實是我愛我的銀行家，因為他們是我的金錢夥伴並幫助我致富。我喜歡的是幫助我致富的人。我反對的是財務無知，正是這種財務無知導致許多人把銀行家變成了使他們更窮的夥伴。

當銀行家對你說你的房子是資產時，問題是，你的銀行家是否在撒謊或沒告訴你真話？答案是，銀行家告訴你的是真話。他並沒有說你的房子是誰的資產。實際上，你的房子是銀行的資產。如果你讀一份財務報表，就更容易理解這段話的真正涵義了。

下圖有助於說明為什麼大多數人的房子是銀行的資產。

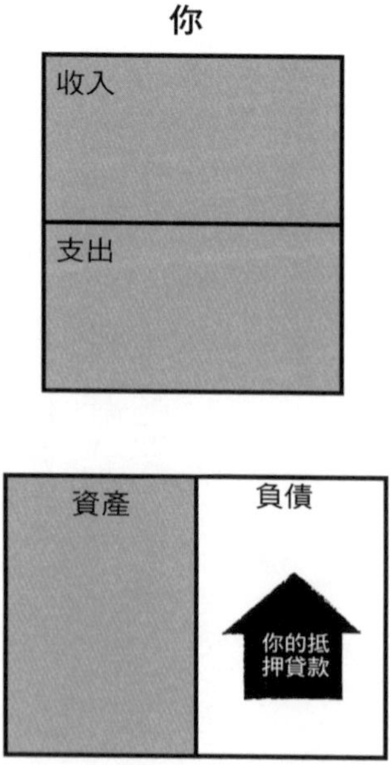

當你穿過小城，到銀行去看你的財務報表時，你會看到並明白財務報表到

底是怎樣工作的。你的銀行的財務報表，如下圖。

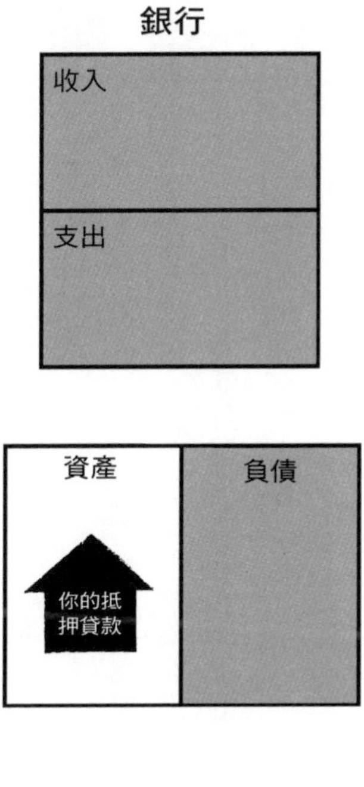

藉由看你的銀行財務報表，你很快會注意到列在你的負債項下的抵押貸款，卻列在了銀行的資產項下。藉由這一點，你會開始明白財務報表是如何運作的。

現金流的完整循環圖

當人們告訴我這什麼也證明不了，並堅持他們的房子就是資產時，我做了現金流——企業和投資中最重要的辭彙的石蕊試驗（即試金石，立見分曉的檢驗辦法）。根據定義，如果錢流進了你的口袋中，你就有了資產；如果錢從你的口袋中流出去，你有的就是負債。

請看下頁現金流的完整迴圈。簡明的圖表勝過千言萬語。

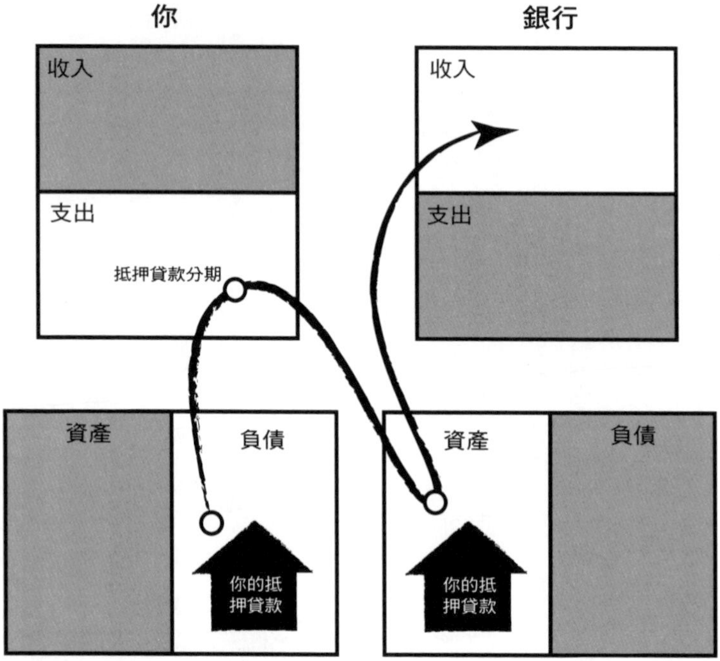

儲蓄怎麼樣了？

下一個問題是，對損失者來說，他和儲蓄存款的關係如何呢？這個答案也可透過閱讀財務報表獲得。

你的財務報表是左圖❶。是的，你的儲蓄是資產。但我們需要跟蹤現金流留下的蹤跡獲得一幅真實的圖表，以提高我們的財商。請看左圖❷銀行的財務報表。

再做一次現金流的石蕊試驗，根據現金流向（流進或流出），你會對資產和負債作出正確的界定，左圖❸。

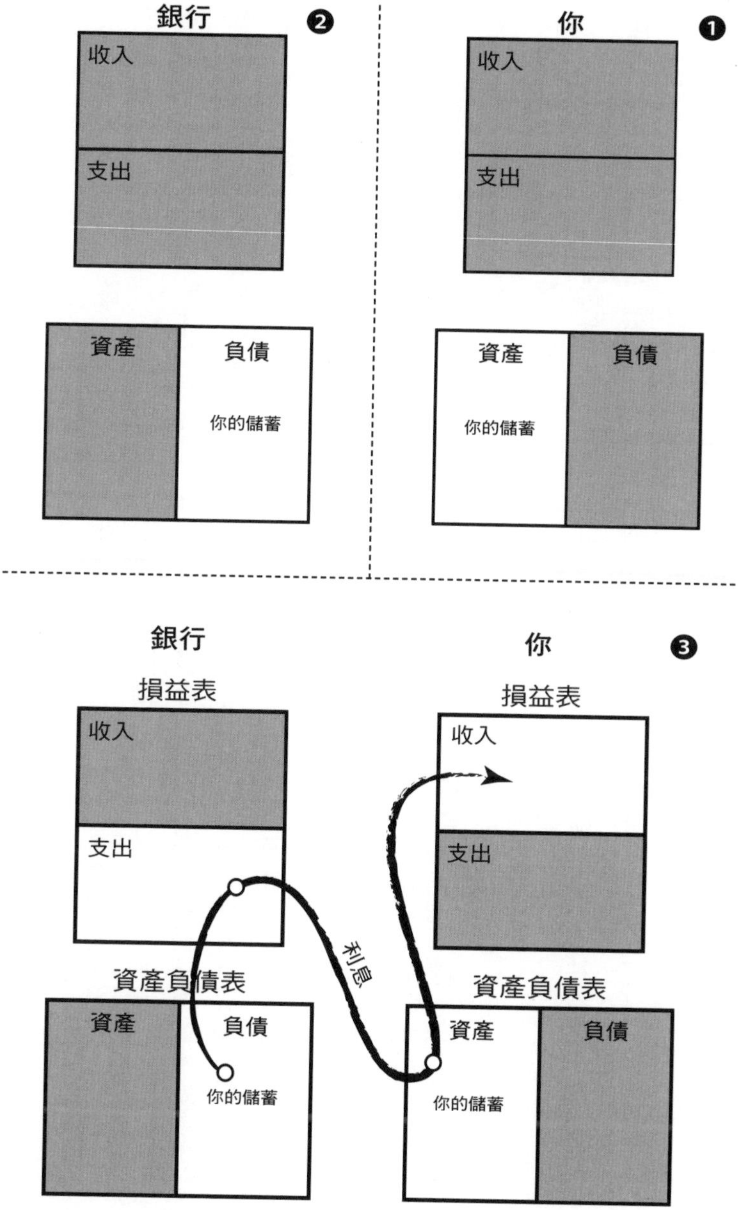
銀行
❷
收入
支出
資產
負債
你的儲蓄
你
❶
收入
支出
資產
負債
你的儲蓄
銀行
你
❸
損益表
收入
支出
資產負債表
資產
負債
你的儲蓄
利息
損益表
收入
支出
資產負債表
資產
負債
你的儲蓄

事情的真相

二〇〇〇年初，許多經濟學家為美國的負儲蓄率感到震驚。負儲蓄率意味著，我們銀行裡的債務比現金多。經濟學家們開始說國家應鼓勵人們更多地儲蓄。他們已聽到了警示的鐘聲，因為作為一個國家，我們從亞洲和歐洲銀行借的錢太多，我們國家已瀕臨經濟災難的邊緣。在我讀過的一篇文章裡，一位著名經濟學家說到：「美國人已丟失了我們祖先留下的工作和儲蓄的美德。」這個經濟學家仍在譴責人們造成了這個問題，而不將原因歸咎於在我們祖先走了多年後，我們創造的這個體制。

我們不得不翻看我們的稅法，這是使低儲蓄、高債務問題變得嚴重化的原因。富爸爸說「儲蓄者總是損失者」，並不是說他反對儲蓄。富爸爸只是指出這個嚴重的問題。在許多西方國家，當人們陷入債務中時，會享受到稅收減免。換句話說，人們為享受這一優惠政策，會使自己更深地陷入債務中。這就是為什麼有那麼多人寧願背負信用卡債務，並把它們轉成家庭財產貸款的原因。

與此同時，儲蓄可就享受不到稅收減免了。恰恰相反，儲蓄者反而被徵稅。問題並不僅限於此，不是富人，而是那些工作最辛苦、薪水最低的人的納稅比率最高。很顯然，我認為這個體制是在懲罰工作並儲蓄的人，同時鼓勵那些借錢消費的人。教育體制愈不教孩子們財務報表，一個國家就有愈多讀不懂數字，並弄不清到底發生了什麼事的人。

對儲蓄的獎勵

富爸爸說：「你的儲蓄利率若是百分之四，同時通貨膨脹率也上漲百分之四，你則沒什麼收益。然後政府會對你的利息徵稅，所以最後結果是你在儲蓄上賠了錢。這就是為什麼說儲蓄者就是損失者。」

除這段話外，富爸爸很少談存錢。他一直教我們如何讓錢為我們努力工作，即讓錢去獲取資產或如他所說的「把錢變成財富」。我的爸爸和媽媽把錢變成了他們認為是資產的債務，最後只有所剩不多的錢能夠去儲蓄了。雖然他們努力工作且沒錢可存，他們還是不斷地對孩子們說：「找工作，努力工作並存錢。」這也許是工業時代的好建議，但在資訊時代，絕對是個壞建議。

你的錢運轉得有多快？

富爸爸並不反對存錢。但他不是漫不經心地勸我們去存錢，而是談論錢的「速度」。他沒有勸我們留點錢出來作為「退休儲蓄」，卻是告訴我們「投資收益」和「內部報酬率」，換句話說，即「我的錢收回得有多快」？

下面是一個簡單的例子：

假如我買了一棟價值十萬美元的出租房屋，並從我的儲蓄中拿出一萬美元付頭期款。一年後，我獲得出租收入減去償還的抵押貸款、稅款和其他費用，還淨餘一萬美元。換句話說，我收回了一萬元的儲蓄，同時，還得了一棟房子，即資產，此後每年它還會為我提供一萬美元。現在我收回的一萬美元還可以為我買別的財產、股票或從事其他業務。

這就是一些人指的「錢的速度」，或者是富爸爸說的「我的錢能以多快速度收回？」或「我的投資收益是多少？」財務高手們希望收回他們的錢以便投資於其他資產。這也可用以說明為什麼富人愈來愈富，而其他人卻忙著或為退休存錢或節儉度日以備不時之需。

用真錢玩

在本章開始，我提到了一位老朋友，她已臨近退休，存有二十五萬美元並在猶豫下一步該做什麼。她知道她每年需要花費三萬五千美元，但二十五萬美元的利息顯然不足以使她達到這個消費水準。我用上面那個簡單的例子，即從儲蓄中拿出一萬美元去買一所十萬美元的房子，告訴她如何進行投資以解決她的財務困難。當然，她首先需要學習如何投資並找到這樣一個投資專案。當我向她解釋什麼是「錢的速度」和「投資回報」時，在智力上和情感上她都呆住了。雖然這一切讓她感慨不已，但害怕賠掉辛苦錢的恐懼仍讓她無法接受新的賺錢公式。她所知道的就是努力工作和儲蓄。今天，她的錢仍留在銀行中。最近我又見了她一次，她說：「我熱愛工作，所以我想再工作幾年，工作使我充滿活力。」看著她遠去，我似乎又聽到富爸爸在說：「人們努力工作的主要原因之一，是他們永遠都學不會如何讓錢為他們努力工作，所以他們只有一生努力工作，而他們的錢則閒置一旁了。」

教你的孩子們學會讓錢為他們努力工作

下面是一些點子，或許你能用來教你的孩子讓錢為他們努力工作。此外，我提醒家長們，若你的孩子們不想學，就不要強迫他們。小竅門是用於幫助孩子們尋找更好學習的方法，而不是強迫他們去學習。

1.三個小豬存錢罐

我還是個小孩子時，富爸爸讓我買三個小豬存錢罐，並被貼上以下標籤：

繳什一稅：富爸爸願意向教堂和慈善機構繳一些錢。他從總收入中拿出十分之一繳什一稅。他常說：「上帝並不會索取，但人們應給予。」很多年來，我發現許多世界上最富的人都是帶著繳什一稅的習慣開始人生的。

富爸爸確信他的財務好運緣於他繳納什一稅。他會說：「上帝是我的夥伴。如果你不付錢給你的夥伴，他就會停止工作，這樣，你就得花十倍的努力去辛苦地工作。」

儲蓄：第二個存錢罐是用於儲蓄的。靠經驗估計，富爸爸相信足夠的儲蓄能應付一年的費用花銷。例如，若每年的總開支為三萬五千美元，他認為就應儲蓄三萬五千美元。存夠這筆錢後，剩下的交什一稅。如果開支增加，儲蓄額也應隨之增加。

投資：以我之見，這是給予我一生重要開端的存錢罐。這個存錢罐提供給我錢，使我可以用這筆錢去承擔風險。

我那位有二十五萬美元儲蓄的朋友本應在九歲時就擁有這個存錢罐。如前所述，當一個孩子九歲時，就開始尋找他或她個人的世界觀。例如我，在九歲時學習到的不需要錢，不需要工作，而要去投資幫助我形成了我的世界觀。我學習到了財務自信而不是需要財務保障。

換句話說，從第三個存錢罐中，我拿到了真錢去用於冒險，犯錯、汲取教訓和獲取使我終生受益的經驗。

我投資的第一個專案是稀有錢幣，至今我仍收藏此類物品。在錢幣之後，我投資了股票和不動產。但我在教育上的投資卻超過我在資產上的投資。今天，當我談及「錢的速度」和投資收益率時，我其實是在講四十多年的經驗。我的確有二十五萬美元儲蓄、已接近退休年齡的朋友還從未有過此類體驗。正是缺少這種體驗導致她害怕失去她的辛苦錢。而也正是我多年的經驗使我在這一事情上能有一個有力的開始。

透過給你的孩子三個小豬存錢罐，你實際上是在他們年輕的時候給了他們去獲取這種無價經驗的種子資本。一旦你的孩子有了這三個存錢罐並正在培養良好的習慣，你也許會讓你的孩子從「儲蓄」存錢罐中，拿出錢到證券公司繳納訂金，並開設一個帳戶，以購買共同基金或股票。我建議讓孩子們去嘗試，以便他們能獲得智力、情感和身體的體驗。我知道許多家長在代替孩子們做這些事。雖然你們幫助孩子賺了一點錢，但卻剝奪了孩子們的體驗過程。在現實世界中的體驗與教育一樣重要。

2. 首先支付自己

最近，我上了一個電視節目。現場觀眾問的最多的一個問題是「如何首先支付自己？」面對這個問題，我感到十分震驚，我發現有許多成年人對「首先支付自己」這個觀念感到新鮮和費解。費解的原因是因為有如此多的成年人深陷於債務之中，使他們根本不可能首先支付自己。節目結束後，我發現用三個小豬存錢罐開始我的生活的方式，實際上是富爸爸在教我如何首先支付自己。今天，作為一個成年人，我的妻子和我仍在抽屜內放了三個小豬存錢罐，我們仍在繳什一稅、儲蓄和投資。

當我研究富人們的生活時，我發現首先支付自己是他們思維的首要準則，是他們生活的根本。最近，我聽了投資導師和基金管理者約翰・坦普林頓爵士的演講，他說他儘量把收入的百分之二十用於生活開支，收入的百分之八十用於儲蓄、繳什一稅和投資。許多人把收入的百分之一〇五用於生活開支，故而也就沒有剩下什麼來支付自己了。除了不首先支付自己，他們會首先支付任何人。

3. 日常文書工作

富爸爸把三個小豬存錢罐的觀念更深入化。他想讓邁克和我把我們的存錢罐與財務報表聯繫起來。隨著我們不斷地向存錢罐裡存錢，他就讓我們把存錢罐裡的錢記入財務報表中。

下面右圖是他讓我們記帳的方式。如果我們從我們的帳戶或存錢罐中拿些錢出來，我們就得記錄下來。例如，我從繳什一稅的帳戶中拿出二十五美元捐贈給教堂或慈善機構，我就必須記錄到我的月分財務報表中。我的月報類似下圖左。

透過擁有三個小豬存錢罐和把我的錢記入財務報表中，我得到了大多數成

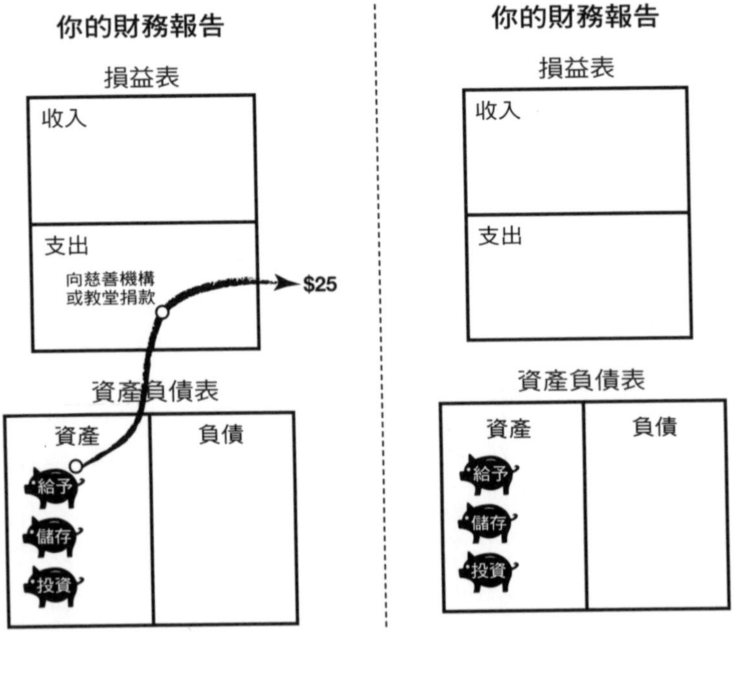

年人，更不用說孩子，從未受到過的財務教育和體驗。富爸爸會說：「『會計』這個詞來自於『負有說明義務』一詞。如果你想變富有，你對你的錢負有說明的責任。」

我無法告訴你「負有說明義務」及「會計」的觀念對我今天的生活有多麼重要，這觀念對任何人都很重要。當一家銀行有禮貌地拒絕你的貸款要求時，這個銀行實際上是在從很多方面告訴你，他們擔心你缺乏對你的錢進行說明的能力。當國際貨幣基金組織（ＩＭＦ）說一個國家不夠「透明」時，它是在從很多方面說這個國家應提供更清楚的財務報表。透明意味著清楚。擁有透明的報表會使任何有興趣的群體均能容易地看到現金從哪兒來，到哪兒去。

換句話說，ＩＭＦ要求一個國家進行說明，而富爸爸是要求我和邁克進行說明。

所以，無論你是個小孩、家庭、公司、教堂或一個大國，管理金錢並對其進行說明的能力都是值得一學的、重要的生活技能。

財務紀律的價值

使用桌遊、三個小豬存錢罐和簡單的財務報表的主意，是富爸爸幫助我和他的兒子進入現實金錢世界的方法。雖然概念上很簡單，但並不容易堅持不懈。從這一過程中我學到的最重要的一課是財務規則的價值。我知道，每月我要向富爸爸報一次財務報表。每月我要向富爸爸說明我的錢數。有幾個月我想逃掉，可回想起來，最差的月分往往是我學到知識最多的月分。因為我是從自身中學習。我還知道，這一規則對正在上學的我很有幫助。由於缺乏自律，而不是缺乏智力，我曾陷入最大的學業困難中。

這就是富爸爸教他的兒子和我在現實世界中處理金錢事務的方式。在以後的章節中，我將進一步介紹你值得一試的、更高級的練習和按這一方法學習的其他課程。下列課程值得一學，因為在當今社會，僅靠存錢以備不時之需確實是一條落伍的財務之路。在工業時代，儲蓄或許是個好主意，但它已趕不上資訊時代因資訊變化而產生的飛速變化。在資訊時代，你需要知道你的錢周轉得多快，以及它為你工作得有多賣力。

第十一章 好債與壞債的區別

我父母一生中的大部分時間都是在努力擺脫債務。

相反，富爸爸一生中的大部分時間則是在努力支配愈來愈多的債務。富爸爸不是建議我和邁克儘量避免債務和償清帳單，而是常說：「如果你想成為真正的富人，你就必須知道好債和壞債的區別。」這並不是富爸爸最感興趣的課程，他只是想讓我們意識到財務狀況好與差之間的區別。富爸爸更想做的是挖掘我們的財務天賦。

你知道好與壞之間的區別嗎？

在學校裡，老師們大多數時間是在尋找好答案和壞答案。在教堂裡，大部分討論是關於善與惡的鬥爭。論及金錢，富爸爸也希望教會他兒子和我去區分金錢學中的好和壞。

窮人和銀行

當我還是個孩子時，我知道許多貧困家庭並不信任銀行和銀行家。許多窮人覺得和西裝革履的銀行家談話不自在。所以他們中的許多人認為，與其去銀行，還不如把錢藏在床墊下面或安全的地方，只要不是銀行什麼地方都行。如果有人需要錢，這些人會組織起來，拿出他們湊的錢借給那位需要錢的成員。如果他們實在無法從朋友或家庭成員那裡借到錢，他們就會光顧當鋪把當鋪當做他們的銀行。他們並不是把自己的房子做抵押品，而是抵押電鋸或電視等物品，並負擔很高的利息。現在，在美國的一些州，窮人在短期借款上的利率超過了百分之四百，以至於被稱為「發薪日貸款」。許多州規定了最高利息標準，但借錢的成本仍然很高。當我意識到這些金融機構對窮人有多苛刻時，我才明白為什麼許多窮人不信任那些西裝革履的人了，而且我認為信任是雙向的。對窮人而言，所有的銀行和銀行家都很壞，而且在剝削他們，而銀行和銀行家們對窮人也持有類似的看法。

中產階級和銀行

我的父母像大多數中產階級一樣，認為銀行是存錢的安全地方。他們常對孩子們說：「錢放在銀行裡最安全。」所以他們把銀行看成是存放錢的好地方，同時他們也認為借太多的錢不好。因此爸爸、媽媽一直想早日擺脫帳單的煩擾。他們的目標之一就是還清房子的貸款，自由自在地擁有它。總結他們的觀點就是，銀行很好，存錢很好，借錢就不好了。這就是為什麼媽媽總在叮囑：「既不要欠債，也不要借別人錢。」

富人和銀行

與之相反的是，富爸爸卻教育邁克和我要有財務智慧，如書中已提到的，智力的定義之一就是發現細微差異的能力，或是分而增。富爸爸的特別之處就是他並不盲目地認為儲蓄就好或借錢就壞。相反他會花很多時間教我們瞭解好儲蓄與壞儲蓄、好費用與壞費用、好債與壞債、好的損失與壞的損失、好收入與壞收入、好稅與壞稅、好投資與壞投資的不同。富爸爸透過教我們尋找細微差異去思考，以提高我們的財商。換句話說，如果你能講出的好債與壞債、好儲蓄和壞儲蓄之間的不同愈多，你的財商就越高。如果你把一些東西如債務等能分出好和壞來，那麼就意味著你的財商較高。

本書不講好東西或壞東西之間的具體差異，如果你有興趣，「富爸爸系列」的第三本《富爸爸，提早享受財富》介紹了一些有關好債與壞債、好壞費用、好壞損失、好壞稅收等之間的不同。

本書想提醒家長儘量避免下面這樣的話：

- 不要負債。
- 多存些錢。
- 快付清你的帳單。
- 不要刷信用卡。
- 不要借錢。

綜上所述，窮人總是認為銀行不好並躲避銀行；中產階級會認為銀行提供的有些服務好，有些服務不好；而富爸爸則教育我們去認清每件事的好與壞的兩個方面。富爸爸鼓勵我們去發現財務事件上的好或壞，富爸爸增加了我們發現細微差異的能力，進而提高了我們的財商。

挖掘孩子的財務天賦

富爸爸教我們的最重要一課就是他所謂的「像銀行家一樣思考」。他也稱其為「金錢煉金術——如何把鉛變成金子」或「如何白手起家賺到錢」。

富爸爸希望我和邁克真正瞭解銀行是怎樣運作的，而不是像大多數窮人那樣，認為銀行不好或像大多數中產階級那樣認為，銀行的某些地方很好，而某些地方不好。在我們的成長過程中，他有時會帶我們到他的銀行裡，讓我們坐在大廳裡觀察來來往往的人們。最後，當我們做過多次這種練習後，他問我們：「你們看到了什麼？」

當時我們只有十四歲，很多事情我們還不瞭解，結果邁克和我表現出像其他十幾歲的孩子被問到問題時的樣子，聳聳肩，看起來有些不耐煩。「人們來來往往。」邁克應道。

「就是嘛。」我答道：「就是這樣子的。」

「很好。」富爸爸帶我們走到出納櫃檯那裡，我們看到一個女人正在存款。「看到了嗎？」他問。

我們點點頭。

「好的。」他又把我們領到一位銀行工作人員的桌前，「你們在這裡看到了什麼？」

我和邁克看到一位身著西裝的男人，正在填寫財務報表，並跟銀行工作人員在談話。

「我不太清楚，」我說，「如果讓我猜，我猜他是在借錢。」

「好的。」富爸爸暗示我們離開，「你們終於看到了我想讓你們看到的東西。」

鑽進他那輛被夏威夷的太陽曬得熱烘烘的車，邁克問我：「我們到底看到什麼了？」

「問得好，」富爸爸答道，「你們看到什麼？」

「我看到人們走進去把錢存到銀行裡，」我說，「我還看到另外一些人走進銀行把錢借出去，這就是全部。」

「很好，」富爸爸說，「那麼借出的錢是誰的錢？是銀行的錢嗎？」

「不是，」邁克說，「是存款人的錢，銀行在用別人的錢賺錢。他們吸收存款並把它們貸款出去，他們用的不是自己的錢。」

「好的，」富爸爸轉向我說：「你父母每次到銀行做些什麼事？」

想了片刻，我答道：「他們千方百計地去存錢。假如他們借了錢，他們就千方百計地去還錢。他們認為儲蓄很好，借錢是不好的。」

「很好，你的觀察力很強。」富爸爸說。

我把棒球帽沿轉到腦後，又聳了聳肩，心裡想：還不錯。車子正往回開，向富爸爸的辦公室駛去。

回到辦公室，富爸爸在黃色便箋上畫了如下的圖表，財務報表圖。

「你們看得懂這幅財務圖嗎？」他把本子推到我們面前，問道。

邁克和我研究了一會兒點頭說：「我們懂了。」今天我們已見過許多不同類型的財務方案，因此更能理解富爸爸的思想了。「銀行吸收存款並付給儲蓄者百分之三的利息，然後以百分之六的利率貸給

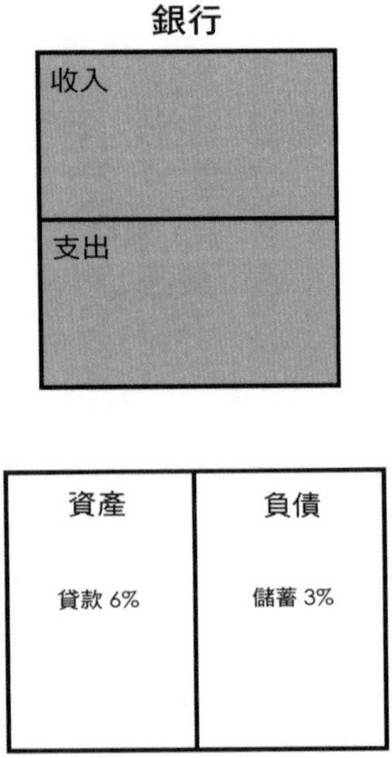

借款人。」

富爸爸點點頭說：「這是誰的錢呢？」

「是儲蓄者的錢。」我迅速答道。「儲蓄者的錢一進入銀行，銀行家就想把它借出去。」

富爸爸又點了點頭。一陣沉默，他想讓我們消化一下他想讓我們吸收的東西。他說：「我和你們玩《大富翁》遊戲的時候，我常對你們說你們要尋找獲取鉅額財富的公式，對嗎？」

我們點頭稱是，「四所綠房子，一家紅色旅館。」我輕聲地答道。

「好。」富爸爸說：「不動產的好處之一就是你們能看到它。現在你們又大了一些，我想讓你們看到眼睛看不到的東西。」

「眼睛看不到的東西？」我問道，這回感到有些困惑不解了。

富爸爸點了點頭。「你們現在又長大了一些，大腦更加成熟了。我想開始教你們用大腦去看那些窮人和中產階級很少看得到的東西。他們之所以看不到，是因為他們不熟悉財務報表以及財務報表的作用。」

邁克和我安靜地坐著，期待著。我們知道他將向我們展示的，是一些看似簡單，實則深奧的東西。這些東西之所以深奧，是因為我們能夠超越表面上的簡單去看它。

富爸爸又拿出他的便箋，畫了第二幅圖，富爸爸的財務報表。

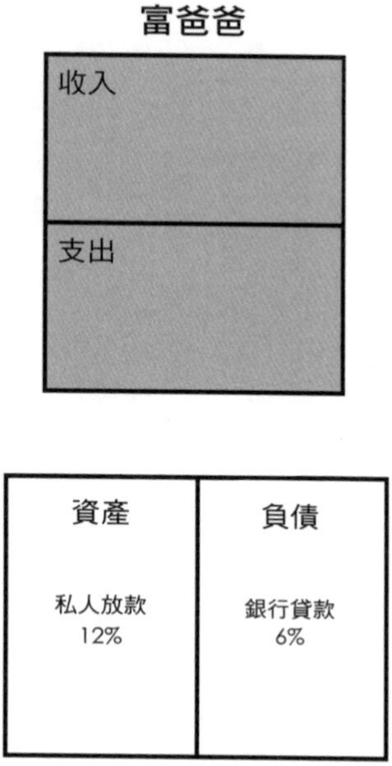

邁克和我坐在那裡，盯著這幅圖，看了好長一段時間。如我所說的，是一張很簡單的圖，但是如果我們能透過它的簡單的表面，就會發現它的深奧。最後我開口了：「所以說你借錢，然後又把它借出去，就像銀行一樣。」

「對，」富爸爸說，「你可知道你的父母常說『既不要借錢給別人，也不要欠債嗎』？」我點點頭。

「這就是他們要為錢而奮鬥的原因，首先他們把注意力集中在存錢上。如果他們向銀行借錢，他們會借錢去買他們認為是資產實際上卻是負債的東西，比如他們會買房子和汽車，這些東西讓現金流出而不會帶進現金流。然後他們會辛勤工作去償還債務，這樣就可以說『我徹底擁有它了』。」富爸爸說。

「這麼做很糟嗎？」我問。

「不是，」富爸爸說。「這不是好與壞的問題，這是所受教育的問題。」

「教育？」我重複道。「教育和這件事有什麼關係？」

「是這樣的，」富爸爸說，「關於金錢，你父母所受的教育並不好，所以他們認為存錢和儘快地償還債務是最好的出路，以他們所受的財務教育，或者說他們所具有的『理財經驗』，這種金錢管理模式最適合他們。」

「但是假如他們想做你所經營的事業，」邁克說，「他們就必須增加他們的財務教育。」

富爸爸點了點頭，「這就是我希望在你們離開學校前能為你們所做的事。如果你們在離開學校前沒有學會我教你們的這些東西，你們將很難再有機會學到這些東西了。如果你們在離開學校之前，缺乏這方面的教育，你們會感到生活在不公平地利用你們，其實這就是因為你們對錢知之甚少。」

「你是說現實世界會教訓我們？」我問道。

富爸爸點了點頭。

「所以你會借錢去賺錢。」我說。

「對。」

「可是我的父母卻在為錢工作，然後拚命存錢，想盡辦法不借錢。」

富爸爸點點頭：「這就是他們很難致富的原因。」

「因為他們是在為錢努力工作，」我接著說，希望能得到富爸爸進一步的解釋。

富爸爸點點頭說：「可是你努力工作是有限度的，而且你辛苦工作能夠得到的錢也是有限度的。對於大多數人來說，辛勤工作能換回的錢是有限的。」

「所以你能存的錢也是有限的，」邁克插嘴道，「你還說過，在員工得到薪水之前，已被扣掉了一大筆稅。」

富爸爸靜靜地向後靠在椅子上，他覺得這一課快結束了。

我的眼睛停在富爸爸的便條紙上，我指著資產項和負債項問道：「你和銀行的做法一樣，從銀行借款，然後再想辦法用借到的錢賺回更多的錢。」

富爸爸注視著我說道：「現在讓我們看一看你父母的財務報表。」

看到這張報表，我驚呆了，坐在椅子裡一動也不動，我明白了富爸爸要告訴我的東西，它如同一座警示鐘一樣。富爸爸又用這個活頁本畫出了我父母的財務報表。

富爸爸、邁克和我坐在那裡研究兩張財務報表的不同，可我並不知道

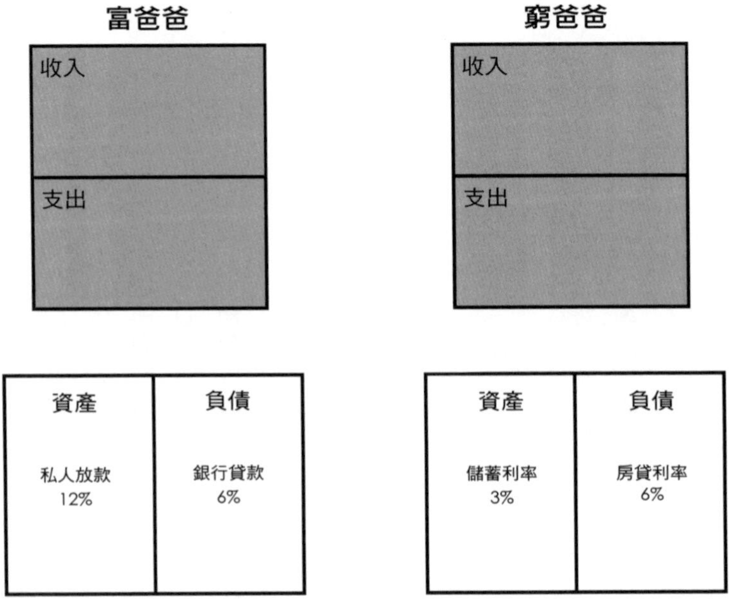

這堂簡單的課會對我的生活產生多麼大的影響。自那天起，我看世界的方式的確發生了改變。這個簡單的例子中有許多值得領悟的東西，直到今天我仍在學習這堂課。許多收穫是看不到的。我建議大家和朋友們坐下來，討論這些細微差異對人一生的影響。

我建議能花一些時間來討論如下一些問題：

- 在生活中，人們由於財務觀念的原因，造成資產賺回的錢少於負債的成本時，會發生什麼事情？
- 你存一筆錢要花多長時間？假如你不是去借十萬美元，而是考慮若你每年僅賺五萬美元且要支付全家的食物、衣服和教育，你需要多長時間才能存到十萬美元？
- 假如你借錢賺錢，而不是辛苦工作去存錢，然後再用你自己存的錢去賺錢，你能以多快的速度比別人先富起來？
- 當一個爸爸借債然後把債務變成資產時，另一個爸爸是怎樣拿出資產——儲蓄並把它變成負債的（儲蓄者總是損失方）？
- 為了成為借錢賺錢的人，你應具備哪些財務技能？
- 你該怎樣學習以掌握這些技能？
- 兩種財務報表有哪些長期和短期風險？
- 我們該教孩子些什麼？

如果你願意花些時間討論這些問題，我認為你會明白為什麼有些人變富有，而有些人終生在財務問題中掙扎。生活中許多人為錢所苦或財務成功都蘊含了金錢、儲蓄和債務課程的內容。

從小事做起

富爸爸常說：「處理所有債務的態度就像你手拿一把上了膛的槍。」富爸爸常說瞭解好債和壞債都很重要的原因是，因為債務有使你成為窮人或富人的力量，就像已上了膛的槍可以保護你，但也可以殺了你。在今天的美國，信用卡債務已威脅到許多家庭，甚至威脅到受過良好教育的家庭的生活。

本章的主要觀點是給你一些時間讓你思考，關於債務，你該教孩子些什麼。如果你想讓你的孩子長大後能在較短的時間內變得富有，做為父母，你就需要教你的孩子關於債務和債務管理的基本技能。這樣的教育應從財務報表開始。

如果你不教你的孩子關於債務的任何事情，你的孩子就有可能在其一生的大部分時間內為財務問題苦惱。他們努力工作、努力存錢，但依舊陷入債務堆中。

下一章講的是父母該怎樣提高孩子的財商，擁有高財商的孩子會更好地運用債務的驚人力量。如富爸爸所說的「對待債務的態度要像手拿一把子彈上了膛的槍」，以及「你必須知道好債和壞債的區別」。

當你開始教你的孩子識別好債和壞債、好費用和壞費用時，你正在發掘你孩子身上的財務天賦。

第十二章　用真錢學習

當爸爸和媽媽告訴我他們沒錢送我上大學時，我的回答是：「不要緊，我不需要你們的錢上學，我會自己想辦法支付學費的。」我能自信地說這番話，是因為我已經能自己賺錢了，並不是我已賺到了能使我完成學業的錢，而是我已學會了能讓我賺到錢並完成學業的課程。這堂課是從富爸爸拿走我的每小時十美分開始的。從九歲時起，我就開始學習靠自己生存了。

我停止幫助我的兒子並開始教育他

最近一位父親找到我說：「我認為我兒子會成為下一個比爾．蓋茲。布瑞恩雖然只有十四歲，但他已經對公司和投資產生了濃厚的興趣。直到讀完你的書後，我才意識到以前我把他寵壞了。我很想幫助他，所以現在開始採取行動。當他對我說想要新的高爾夫球桿時，我對他提出了一個新的挑戰。」

「你採取了什麼行動？」我問。

「以前我總是教他為錢而工作。」這位爸爸說。「現在，如果他向我要高爾夫球桿，我會讓他自己賺錢去買。讀完你的書後，我發現過去我是在安排他成為努力工作的消費者，他被設計成為辛勤工作的人而不是成為知道如何讓錢為他辛勤工作的富人。」

「那麼你的做法有了什麼改變嗎？」我問。

「當然。我告訴他去鄰居那兒看看有沒有需要他做的工作。過去我會直接給他零用錢，然後讓他把錢存起來去買高爾夫球桿的。」

「很有趣。」我說道。「你不是教他去機械式地存錢，而是告訴他去外面尋找機會賺錢。」

這位驕傲的父親點了點頭說：「我原以為他會生氣，誰知他卻興高采烈地去開展他自己的業務了，他認為這是在靠自己而不是伸手向我要錢。整個夏天，他為別人修剪草坪賺了五百美元，這筆錢足夠他買球桿了。然後我又做了些不一樣的事。」

「你做了什麼？」我問。

「我帶他到一家股票經紀公司開了個帳戶，他在那兒買了一百美元的高成長共同基金。我告訴他這是作為他上大學的基金。」

「太好了！」我說，「然後你讓他買高爾夫球桿了嗎？」

「噢，沒有。」這位驕傲的父親眉宇間充滿了自豪，「接著我做了你的富爸爸可能要做的事。」

「什麼？」我驚奇地問。

「我拿走了他的四百美元，然後告訴他我會一直把錢放著，直到他能發現一項能給他買高爾夫球桿的資產。」

「什麼？」我問，「你告訴他去購買資產？所以你延遲了他享受自己報酬的時間？」

「是的，」這位爸爸說，「你說過延遲獎勵是需要培養的重要的財商，所以我拿走了他的錢並延緩對他的獎勵。」

「然後發生了什麼事？」我說。

「他生了半個小時的氣，隨後他意識到我這麼做的目的。一旦他理解我在教他的一些東西，他開始思考。當他理解我的用意後，他接受了這一課。」爸爸說。

「什麼課呢？」我問。

「他走過來說，『你在設法留住我的錢，是嗎？你不想讓我把它花在一根球桿上。你想既讓我擁有球桿又留住這筆錢。這就是你想讓我學的，對嗎？』」這位父親面帶笑容地說。

「他從中得到了教益。他現在知道既要留住辛苦錢又要擁有高爾夫球桿。我真為他驕傲。」

「哇。」我驚嘆道。然後我說，「他才十四歲就懂得他在留住這筆錢的同時，也可以得到球桿嗎？很多成年人都不能理解呢，那麼你兒子是怎樣做到的呢？」

「他開始讀報紙上的廣告，然後他去高爾夫用品商店與店主談話，以瞭解他們的需求和要求。有一天他回家後告訴我他要用錢，他已經發現了一條既能留住錢又能買高爾夫球桿的辦法。」

「什麼辦法？」我向前探了探身子，等待著答案。

「他發現一位想削價出售自動糖果機的人。然後他問高爾夫球店是否能在店內放兩部機器。店主說可以，於是他回家向我要錢。我們用三百五十美元買下兩台機器並買了足夠的果仁和糖果，並把機器裝在高爾夫球店裡。每星期，我兒子會去高爾夫球店一次，從機器中收錢並為機器加滿原料。兩個月後他已賺足了買高爾夫球桿的錢。現在他已擁有球桿，同時他從他的資產——六台機器中不斷獲得穩定的收入。」

「六台機器？」我說：「我以為他只買了兩台機器？」

「是的，」這位爸爸說，「當他瞭解他的機器是資產時，他又買回了更多的資產，所以他的大學基金也在穩步增加。同時他還有時間和錢去打高爾夫球，因為他不必為支付高爾夫球場租金而辛勤工作。他的計畫是成為下一個老虎．伍茲，而我也不需要為此付錢。最為重要的是，他從中學到的東西遠超過我只給他錢所能學到的東西。」

「聽起來你有個正在長大中，且融合了老虎．伍茲和比爾．蓋茲優點的兒子。」

這位驕傲的父親大笑起來：「你知道，這並不是最重要的。最重要的是他現在知道了他可以成為任何他想成為的人。」

成功就是成為任何你想成為的人

我們一直在討論他的兒子知道長大後能成為任何他想成為的人的重要性。「我父親說過，『成功就是成為任何你想成為的人』……聽起來你的兒子已經相當成功了。」

「是啊，他很快樂，」這個爸爸說，「他與學校裡的其他學生不一樣。照他們的說法，他們分別走著不同的人生之路。既然他有自己的生意和自己的錢，他自然就有自己的特點，但他並沒有因此而飄飄然，他開始思考自己的道路，而不是一心想成為他的朋友認為很酷的人。在這個過程中，他獲得很多自信。」

我點了點頭，回憶起我的高中生活。我痛苦地記得我總是個局外人，而不是局內人。我記得我被排斥在一大群人之外，不被「酷」的孩子們接受和認可，是件讓人感到多麼孤獨的事。回想起來，跟富爸爸學習使我有了一種個人滿足和自信的感覺，儘管還不是最酷的感覺。我知道儘管我不是學校裡最聰明和最酷的孩子，可至少有一天我會富有……那是當時我與眾不同的地方。

「告訴我，」那個爸爸問道，把我從高中生活的回憶中拉了回來。「你認為我對我兒子的教育中還應該增加什麼內容？他已經行動了而且做得很好，但我知道他還需要學習更多的東西。你有什麼建議呢？」

「這個問題很好。」我答道，「他的帳目做得如何？」

「帳目？」這個父親問道。

「是的，他的記錄……他的財務報表，他隨時做記錄？」

「他沒有什麼報表。他只是每星期向我口頭彙報一次。他會告訴我他從機器裡收了多少錢以及他為採購添加到機器裡的糖果花了多少錢，但是沒有正式的財務報表，財務報表對他太難了吧？」

「並不難，可以做很簡單的財務報表。事實上，如果最初的財務報表簡單些會更好一些。」

「你是說要像玩《現金流》遊戲那樣，填寫實際的財務報表？」他問道。

「是的」。我說：「甚至可以沒有那麼難，重要的是他看到了財務報表上體現的總體情況。然後他可以慢慢地細化它，加入更多的細節。當他做了這一切時，他的財商會不斷提高，他在財務上成功的機率也將增加。」

「我們可以這麼做，」這個爸爸說，「我會把我們做的第一份財務報表寄給您。」

我們握手道別。一週後，我收到他發給我的財務報表，如下圖：

布瑞恩的財務報表

損益表

收入	
6 台自動糖果機販賣機帶來的收入	$465
支出	
糖果和果仁	$ 85
布瑞恩的薪水	$100
大學基金	$150
儲蓄	$130

資產負債表

資產		負債
儲蓄	$ 680	$0
大學基金	$3700	
6 台自動糖果販賣機	$1000	

我向他們道賀並且回信給他們。我的評語是：「他的個人費用去哪兒了？」他父親發電子郵件回答道：「他把個人費用放在另一張財務報表裡了。他不想把公司費用和個人費用混在一起。」

我也寫電子郵件回道：「這是很好的訓練。知道個人財務與公司財務的區別是很重要的。但稅呢？」

他父親回答說：「我還不想讓他太吃驚。明年我們再考慮稅金的問題。我現在想讓他有多一點成功感，但很快他會學到稅收這一課。」

八個月後

八個月後，他的父親發給我一份布瑞恩最新的財務報表。「只想讓你知道布瑞恩的進步。即使在最壞的市場狀況下，託管他大學基金的共同基金運作得仍然很好，現在快有六千美元了。他已擁有九台糖果機並正在考慮另一項生意，那是一家自動投幣公司……就像從「現金流」遊戲卡上描述的那種公司。他已雇用了臨時記帳員，因為現在他的報表太複雜了。現在是對他講解稅收，以及引見他認識一位會計師的時候了。他剛十五歲，可已做好了進入現實世界的準備。他的財務報告已經很厚了，和他的成績單一樣多。隨著他自信心的增強，他在學校的成績也在提高。」

在這段話的最後，他寫道：「另外，布瑞恩現在還有了一個女朋友，他正在教她他所學過的東西。她說她喜歡他，因為他和別的男孩子不同，她認為他有光明的未來。除此之外，我認為她比我兒子對公司更感興趣。他的自尊心和自信心正不斷上揚。最重要的是他正學著成為他想成為的人……而不是成為其他孩子認為他應該成為的人。多謝您。布瑞恩的父親。」

對我的工作最滿意的部分

我們收到的大部分信件，無論是電子郵件還是郵寄來的信件，都是非常認同的、令人鼓舞的。我感謝所有給我們寫信的人，這些信鼓勵我們做為一個公司而不斷進步。雖然所收信件中百分之九十九是正面的，但仍有一些是不同意見。我們也收到一些信說「你們錯了，我不同意你們的觀點」，或者是「你冒犯了我的信仰」。如我所說，我們收到的大多數信都是正面的，我們感謝你們，因為正是這份積極的支援給我不斷進步的力量。我們也感謝指出我們的錯誤以便讓我們改進的人們，我們會記住這些正面和負面的話。我們由衷地感謝大家。

有很多人都在信中寫道：「我真希望二十年前就讀過你的書或者玩過這個遊戲。」對大多數人我想說：「只要行動就不嫌遲，我建議您允許自己有一些改變，做一些與以往不同的事」。一些人一心捍衛著過去取得的成果，譴責我侮辱了他們的信仰，然後繼續著他們的道路，儘管那些方法今天已不適用。這些人仍用著過去為他們效勞但在今天已過時了的賺錢公式，繼續使用已不再起作用的賺錢公式，乃是失敗者的生活方式。

我的工作中最令人滿意的部分，是聽到家長們說他們的孩子正走向財務安全、財務獨立和財務自信。這些孩子不需要等二十年後，才開始他們的財務教育，這一切使得這項工作變得尤其有價值。

孩子們有機會在早年獲得一定程度財務安全和財務自信的訓練，從而也幫助他們去創造自己的未來。

堅實的財務基礎並不能給你的孩子全部的人生答案，基礎就是基礎。然而若財務知識基礎堅實，那麼隨著孩子們的成長，他們就會發現他們想要的答案，最終擁有他們想過的生活。

未來年輕的百萬富翁

自從《富爸爸，窮爸爸》一書發行以來，愈來愈多驕傲的家長來找我，並告訴我類似下面三個故事的故事。每個故事都在告訴我孩子的積極性和創造性，這令我驚奇。

澳洲阿得雷德市一位十六歲的男孩和我聯繫並對我說：「讀完你的書並玩了你的『現金流』遊戲後，我買了我的第一塊房產，賣掉一部分後，我賺了十萬美元。」他父親是一位律師，在父親的幫助下，他在學校的教學大樓裡透過電話達成了交易。「我媽媽擔心我會亂花錢，但我不會的。我知道資產和負債之間的區別，我計畫使用這十萬美元買回更多的資產，而不是負債。」

澳洲伯斯市一位十九歲的年輕女孩在讀完我的書後，開始和她的媽媽一起購買出租房屋。她對我說：「現在我從出租收入中賺的錢，已超過我在零售店當售貨員賺的錢。我不打算停下來。當我的朋友們在酒吧喝酒時，我卻出去尋找更多的投資專案。」

一位二十六歲的單親媽媽參加了我在紐西蘭奧克蘭市的簽書會。她說：「我一直靠救濟金生活，直到我的一位醫生朋友送給我一本你的書。讀完之後，我回過頭去找我的那位朋友說『讓我們一起做些事吧』。我們開始行動。我和她僅預付了一千美元訂金，就買下了她在裡面做員工的這家醫療診所，我們分享診所帶給我們的現金流。僅此一個交易，我從依靠救濟金生活的單親媽媽，成為一個實現財務自由的媽媽。今天，我看著醫生們為我們的診所工作，而我可以在家裡照顧孩子。我的朋友和我都在尋找其他的投資專案，因為我們有時間去做這件事。」

鼓勵並保護孩子的創造性

你或許注意到這些年輕人都不害怕利用債務使自己變富有。他們不會說，「安全第一，不要冒險。」他們還沒有學會害怕犯錯誤或害怕失敗，他們應被鼓勵去冒險和去學習。當一個孩子被教育得害怕犯錯誤時，他們的創造性就被扭曲，甚至被扼殺。當父母說「按我的方式去做」時，也會發生同樣的事情。相反，當孩子們被鼓勵去自己思考、冒險和尋找自己的答案時，孩子們的天賦就會展現，他們的創造性就得到了鼓勵和保護。

我驚嘆於年輕人的創造力，前面的故事就是年輕人創造性的案例。當孩子們年輕時，應鼓勵他們發揮創造性。與其告訴孩子們該做什麼，倒不如允許他們利用他們自然的創造性，尋找自己的解決財務困難的道路，並創造他們想要的生活。

最大的風險

從與孩子一起玩「現金流」遊戲的父母那裡，我最常聽到的話是：「孩子們總能贏我，他們比成年人學得快。」這裡面有許多原因導致這種事的發生。其中一個原因是孩子們尚未學會害怕。他們還年輕，知道假如失敗了，他們還會重新站起來。對許多人來說，年齡愈大，就愈害怕失敗。

因為我們是透過犯錯誤來學習的，故而最大的風險就是長久地等待而不去犯錯誤。我的一些朋友做同一種事情已經二十年了，而他們也陷入了財務困境。他們身處困境的原因是他們在年輕的時候沒有犯過什麼錯誤，現在他們中許多人既沒錢又沒有時間，而時間比金錢更重要。所以，請鼓勵你的孩子從用真錢玩和養成財務學習習慣開始，這會增加他們的財務知識。因為所有風險中，最大的風險就是不去承擔風險，以及不會從錯誤中學習。如果不會冒險並在年輕時從錯誤中學習，那麼隨著你年齡的增大，你將要犯的錯誤會更大。

第十三章　增加孩子財商的其他方式

二〇〇〇年六月，亞利桑那州鳳凰城當地報紙的一位記者採訪了我。他是個好人，但似乎是個懷疑論者，憤世嫉俗和帶有強烈的個人主義色彩。我們年齡相仿，家庭背景也相似，他的父親是波士頓深受尊敬的法官，他在那裡長大。雖然我們年齡相仿，社會經濟和學歷背景相似，但我們在生活中的財務地位卻大相逕庭。五十三歲時，他幾乎沒為退休作好準備。他對我說：「一旦我退了休，我計畫寫一部鉅著。但現在我似乎更需要以自由記者身分工作，以便能還清抵押貸款和維持生計。」

於是我問他：「你為什麼不開始投資？為什麼不在鳳凰城買幾塊房地產？然後把時間花在你已胸有成竹的鉅著上？」

他的回答是：「在鳳凰城你已找不到好投資了。十年前還可以，但現在好交易已不存在，市場太熱了。一旦股市崩盤，房地產市場可能會隨之崩潰。我認為投資太冒險了。」

聽完，我知道他一生都會糾纏在工作之中。我感覺到他的餘生可能會繼續遵循他目前的成功原則。我甚至能講出他常用的語言。如果他不改變這些語言，他的生活就不可能改變。

富人的辭彙

因為有兩個爸爸，我得以對他們的相似和不同之處加以比較。當我發現我的兩個爸爸雖然都說英語，但所說的語言實際不同時，我才十四歲。他們其中一個人用的是學校教師的語言，另一個人講的是商人兼投資者的語言。兩人都講英語，但所說的內容卻大相逕庭。

我對一個人所用的語彙異常敏感。透過聽人的談吐，我就能對人瞭解個大概。例如，我有個朋友非常喜歡運動，所以，只要我們談到體育，話題就沒完沒了的。然而，如果我問他：「你房子的負債產權比率是多少？」，他的眼睛會瞪得很大，雖然這個問題其實很簡單。如果我不這樣問，而是問：「你已擁有房子的多大部分了？你認為你的房子值多少錢？」我就能得到答案，而這兩個問題與上面的問題實際上是一回事。差別在於我使用這套通俗語言時他能聽懂，而用專業辭彙，他則聽不懂。這就是這一章將要講到的：語言的力量。

用簡單的辭彙

兩個爸爸都教我不要放過任何一個不懂的辭彙。兩個爸爸也都鼓勵我中途打斷別人的話，以便向他或她請教任何我不明白的詞或片語。例如，在富爸爸律師的辦公室裡，當律師說一些富爸爸不懂的詞語時，富爸爸會靜靜地說：「請停一下，我不明白你剛才說的話，請用我熟悉的語言方式為我解釋一下。」富爸爸把這種做法發揮得淋漓盡致，尤其是對那些喜歡用華而不實詞語的律師。當他的律師說「甲方（The party of the first...）」，富爸爸會打斷他並問道，「你在講哪個 Party？是穿正式的黑西裝、打領帶的 Party，還是在我家舉辦的隨性 Party？」

窮爸爸說：「許多人認為如果他們操著沒人能懂的誇張之詞，他們就會顯得比別人聰明一些。問題是，他們也許會看上去聰明些，但實際上卻疏於與別人進行更好的溝通。」

每當我弄不懂一些財務術語時，富爸爸會說：「如果你用簡單的詞，就沒有什麼複雜的事了。」

許多身陷財務窘境的人，往往是因為他們使用了連他們自己都弄不懂的詞。兩個典型的例子就是關於資產和負債的定義。富爸爸並沒有直接告訴我字典中關於它們的令人費解的定義，而是教我一個我能夠明白和運用的定義。他簡單地說：「資產就是向你口袋裡放錢的東西，而負債則是從你口袋裡掏出錢的東西。」為了進一步強調這兩個定義，他補充說：「假如你停止工作，資產會養活你，負債則會吃掉你。」

仔細分析富爸爸的定義，你會注意到他在定義中加入了動感，而不是只抽象地照字面定義去解釋。例如韋氏字典中關於「資產」的定義為：資產負債表中表明所擁有的財產的帳面價值的專案。

當你看完字典中的定義後，就不會為如此多的人認為他們的房子是資產感到吃驚了。首先，大多數人從不會自找麻煩去查字典。其次，大多數人傾向於盲目接受他們認為是權威的銀行家或會計師賦予的定義。這些人會告訴他們：「你們的房子是資產。」如我所說，當銀行家說你的房子是資產時，他或她並沒說謊，你的銀行家只是沒說是誰的資產。我也說過，智力是一種擅於明察秋毫的能力，因此對同一概念的多種定義，也不乏是一種更好的觀察細微差別的方法。第三，假如你對一個名詞能有親身的體驗，你就能更好地理解它。

當你看到下方的學習四面體時，你會開始明白為什麼這麼多人會盲目接受關於辭彙的定義。

大部分現行教育體制會在小學三年級或大約孩子九歲時，開始純粹的智力學習階段。積木和玩具被拿走，學生們開始了對理論知識的學習。為加快這個

學習的四面體

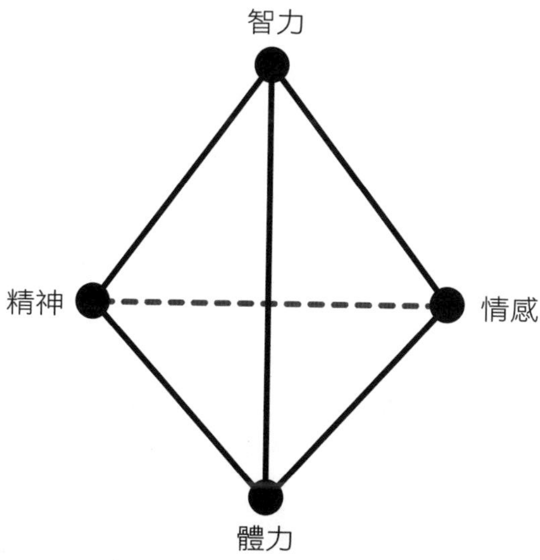

學習過程，孩子們幾乎盲目地接受權威形象（如老師們）要求他們讀或聽的內容。在這一點上，這種體制的確是在強調幾乎純粹的理性學習。在感情上，孩子變得害怕犯錯誤，害怕提問或向老師發問。在體能方面的學習，除了在體育館和田徑場上進行的藝術和體育課外，差不多絕跡了。具有詞語——語言天賦的學生會學得很好，而擅長體能學習的學生或藝術感較強的學生就開始落後了。在這個階段，孩子們只是一味將一切理性知識當作真理來接受，而不需要任何實踐論證。這就是為什麼當銀行家說「你的房子是資產」時，大多數人只會點頭並接受這個事實，而不去進行實際驗證。畢竟，這是我們自九歲起就被教授的學習方式。

名詞和動詞的力量

富爸爸盡力讓我們把每一個生字或概念都和現實聯繫在一起，這就是為什麼他的資產負債定義會如此具象、生動的原因。如「錢」和「口袋」，這是我們熟知的詞，他賦予它們動感，如「把錢放入口袋裡」。他使用名詞如「錢」和「口袋」，也用動詞如「放」來進行解釋，這些都是我和邁克易於理解的名詞和動詞。當你花時間教孩子關於「金錢」的定義時，請務必使用他們能理解的詞。假如你的孩子是體能學習者，無論他們有多大，請你注意使用孩子能看、摸和感覺的定義。遊戲是最好的老師，因為它能為孩子們正在學習的、新的財務辭彙提供直觀的一面。

辭彙的力量

在本章開始，我提到與那位記者的談話。他是個非常開朗的人，我們年齡相同，與他在一起我很快樂。我們分享在生活中的共同愛好，可一涉及到錢，我們的觀點就截然不同了。發生在兩人間的爭論，立刻會提醒我在對他說話之前一定要慎重，因為他可能會誤解我所談及的有關對「金錢」的看法。第一是金錢是非常感性的東西。第二，我對報紙的輿論力量非常尊重，報紙可以成就你，也可以毀了你……所以涉及到我對金錢的觀點時，我說話會特別小心。下面是採訪中的一段談話：

記者：你為什麼投資房地產而不是共同基金？

羅勃特：我二者均投資，但我的確在房地產上投入的錢更多。首先，每種投資均各有優劣。我喜歡房地產投資的原因之一在於，房地產使我能最大程度地控制何時繳稅和繳多少稅。

記者：你是說人們應該避免繳稅？這不是有點冒險嗎？

羅勃特：我不是說避免，我是說房地產使我能最大程度地控制稅。

「避稅」和「控制稅」這兩個詞的定義之間有很大的不同。我不得不花二十分鐘時間來解釋「避免」和「控制」的區別。對我來說，為解釋這兩個詞的不同，我不僅需要解釋針對員工的稅法和針對投資者的稅法之間的不同，還要解釋針對共同基金的稅法和針對房地產的稅法之間的不同。交流中的關鍵問題是作為員工，他幾乎無力控制稅收，因為他控制不了，「避免」這個詞聽上去就有點像「逃避」了。所以當我提及「控制稅」時，他一聽到要「逃避」，身上所有的神經都繃緊了並做好了防禦準備。如前所述，「一盎司的認知要用一噸的教育來改變」。這個例子並沒用掉一噸的教育，但我的確花了二十分鐘艱難地進行解釋，才使情形得以緩解。我不想僅僅因為對兩個名詞的誤解，而使他的畏懼影響到我。接著，採訪又回到正題上來：

記者：你這種說法的問題在於你買不到房地產，鳳凰城的價格太高了。除此之外，我又怎麼能出去找便宜的房產買下，修理後再把它賣出去？我沒有這種時間。

羅勃特：很好，我們不買賣房地產，我們去投資房地產。

記者：難道你是說修理一項房產，再把它賣出去賺得利潤不是投資房地產？

羅勃特：按廣義的投資概念，我想你可以稱其為買賣房地產的投資。但在投資世界，人們買計畫不自己使用或佔有的東西時，被稱為「貿易」。他們為賣而買。一位投資者買入資產通常是為了持有和用該資產換回現金流和資本收益。這就是細微差別。

記者：難道你不賣出資產以獲得資本收益？

羅勃特：當然了。一位真正的投資者會盡力獲取資本收益，而不是賣出或交易他們的財產。一個投資者的首要目標是買入並持有，再買入並持有，繼續買入並持有。一個真正的投資者的首要目標是增加資產，而不是賣出它們。他們也許會賣掉，但那不是他們的首要目標。在真正的投資者的心中，發現一項好投資要花太多時間，所以寧願買入並持有。貿易者則是買入並賣出，再買入並再賣出，以期望每次都能增加他們的現金收入。投資者買入是為了持有，貿易者買入是為了賣出。

記者坐了一會兒，不停地搖著頭。最後他說：「對我而言，這些話聽起來有點艱深難懂。」然後他又回到話題上並問了下一個問題。

我感覺很糟，因為我正陷入了我試圖避免的討論中。我盡力使用簡單的語言，但我知道事情進行得並不順利。本來是為了幫他瞭解這種細微差異，但我只能說我在使事情變得更加令人疑惑。

記者：你是說你不去尋找已破損的房產，然後修理它並把它賣出去以獲得利潤？

羅勃特：我或許在尋找此類財產，尤其是我能買下來並持有它們時。但答案仍是「不」，我並不一定要去找已破損並需要修理的房產。

記者：那你找的是什麼？

羅勃特：首先，我會尋找一位急於脫產的賣家。因為當人們急於脫手東西時，他們會願意磋商價格。或者我會去銀行尋找已取消抵押品贖回權的財產。

記者：聽上去你是在剝削身處困境的人。這不公平。

羅勃特：很好，可首先，這個人急需賣出財產。他或她對有興趣的買主非常歡迎。其次，難道你不想清理掉你從不需要的東西，並對它還能換回點錢感到高興？

記者：可是我仍認為你在尋找可利用的人。否則，你為什麼去買已取消抵押品贖回權的財產？難道一個人被取消抵押品贖回權不是因為他們正陷入嚴重經濟困境嗎？

羅勃特：是的，以這種角度考慮問題的確可以推出這種觀點，但事實上是銀行之所以取消這些人的抵押品贖回權，是因為他們沒有信守與銀行的合約。不是我取消了他們的抵押品贖回權，而是銀行。

記者：好的，我明白了你所說的。但我仍認為這是富人剝削窮人和弱者的另一種表現。

那麼在你尋找到急於出手財產的賣家，或銀行已取消抵押品贖回權的財產後，還會做些什麼？

羅勃特：我要做的下一件事是整理數據並看看 IRR（內部收益率）是否理想。

記者：IRR為什麼會這麼重要？

在說完「IRR」後，我知道我又陷入了麻煩。或許我應該說「ROI」（投資報酬率）或「現金收益」。我感覺到我無法用此類語言來說服這位記者，我需要迅速改變語言方式，我需要用富爸爸用過的簡單定義，以便我們能重回話題之上。

羅勃特：我前面已說過，投資者的目標就是買入並持有。IRR或者叫內部收益率很重要，是因為它測量了我能以多快速度收回我的原始資本，或叫作「頭期款」。我希望我的原始資本能快速收回，那樣，我可以用它再買另一項資產。

記者：那麼債務呢？難道你沒興趣償還債務嗎？

進行到這裡，我知道採訪該結束了。我放棄了說教的可能性，只是簡單地說這是存在於我頭腦中的投資公式在起作用，並讓他決定他該如何寫這篇報道文章。

羅勃特：是的，我的目標不是清償債務，我的目標是增加債務。

記者：增加債務？你為什麼會想到增加債務？

如我所說，我知道一涉及此觀點採訪就該結束了。當我談到共同基金可能帶來的稅收風險時，分歧就已很大了。他不喜歡我這麼簡單地評價共同基金，是因為他退休金帳戶中所有的錢都放在共同基金上。我們交流的隔閡在不斷拉大，而不是縮小。此外，談到投資問題，我可以說我們所使用的語言不僅不同，而且簡直是站在對立的兩邊。

但最後，他令人驚奇地寫了一篇關於我的投資理念的精確報道，儘管他不同意這些觀點。他甚至在文章發表之前將稿子給我看以徵求我的意見。我給他寫了一封感謝信，並附上我對文章的認可。文章寫得非常好，我沒有做任何改動。但隨後他打電話給我，告訴我編輯不同意發表這篇文章，因為編輯看不懂。

為什麼能不花錢地賺錢？

常有人問我：「為什麼能不花錢地賺錢？」而我通常的回答是：「金錢是一種觀念……觀念被語言定義。所以你愈能謹慎地選擇你使用的辭彙，你就有更多的機會去改善你的財務狀況」。

我回憶起八〇年代聽R．巴克明斯特．富勒博士演講的情景。在那次演講中，巴克首先談到了語言的力量。他說：「語言是人類發明的最為有力的工具。」身為一名高中時期英文不及格的學生，我對語言這門課一直持悲觀態度，直到我聽了這位大師談文字的力量。他的演講幫助我理解富爸爸與窮爸爸間的差異，乃起源於他們語言上的差異。如前所述，我的親生父親使用的是學校老師的語言，而富爸爸用的是公司和投資語言。

致富第一步

當人們問我為改變他們一生的財務地位該做些什麼時，我說：「致富的第一步是在你的詞彙中加入財務語言。換句話說，如果你想變富有，請從豐富你的辭彙開始。」我也告訴他們英語由兩百萬個單詞組成，每個人平均只能掌握五千個。隨後我說道：「假如你真的想致富，定下學一千個財務單詞的目標，你就會比那些不使用這些單詞的人富有。」我還會附加一句話提醒他們：「但一定不要只知道這些詞的表面定義。在你的理解中加入智力、情感、體力和精神因素。如果你已掌握你的財務辭彙，你的自信心就會提高。」最後我說：「關於時間投資的最大好處是『辭彙的學習是免費的』」。

辭彙讓你用心看到了用眼睛看不到的東西

智力是一種能夠明察秋毫的能力。辭彙讓你用心看到了用眼睛看不到的東西。例如，資產和負債存在著不同，但大多數人意識不到這種差異，只知道這種差異會對一個人一生的財務結果產生巨大影響。

在前幾本書中，我寫到了三種不同的收入類型：工作收入、被動收入和證券組合收入，他們同在「收入」這個詞之下，但每種收入間的差異卻相差巨大。當你對孩子說：「上學，取得好成績，找工作」時，你是在鼓勵孩子為工作收入而工作。工作收入所帶來的最大問題是它是三種收入中繳稅最高的，並且你對稅收的控制力最弱。富爸爸建議我為被動收入辛勤工作，這部分收入主要來自不動產。它是三種收入中納稅最少且最具稅收控制力的收入。證券組合收入主要是來自證券資產的收入，被認為是第二好的收入類型。正如你已被告知的那樣，這些名詞的差別並不大，但對一個人的財務成績單所產生的結果卻是令人瞠目結舌的。

富人的收入

當你看一個人的財務報表時，從上面你可以看出這個人把哪種收入看得最重要。

不管能賺多少錢，靠薪水收入致富太困難。如果你想富有，你就要學會如何把工作收入轉化為被動收入或證券組合收入。這就是富爸爸教他的孩子所做的事。

數字進一步定義了差別

在單詞後面加上精確數字後，你將會受到更大的震撼。如大多數股票投資者知道的那樣，本益比為十的股票和本益比為十

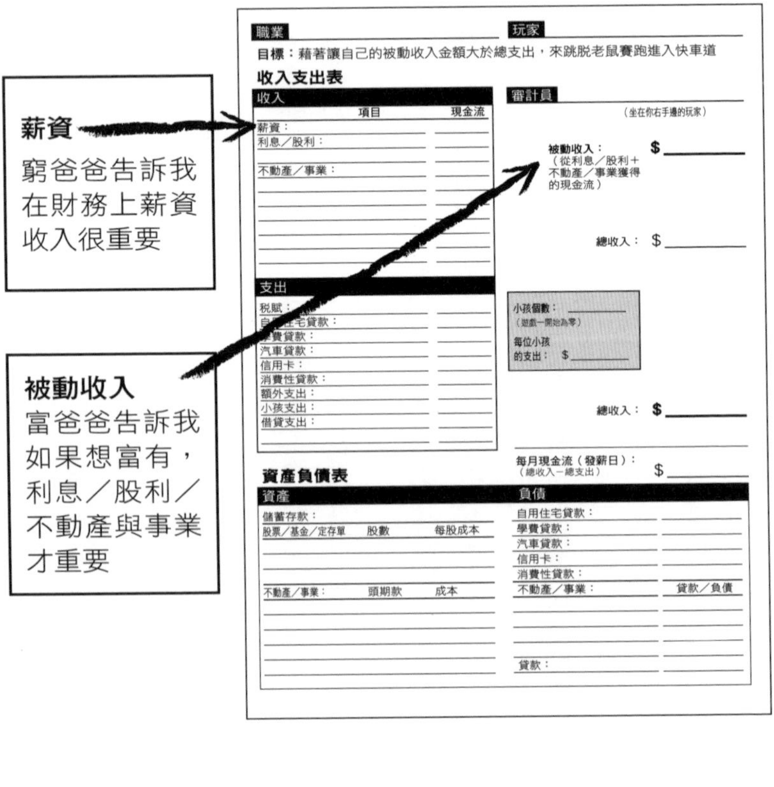

五的股票差異很大。而許多老練的投資者並不僅僅憑本益比的高低買股票，他們還需要更多的文字說明和更詳細的數字。

下面兩個人在對同一件事的語言表述卻如此迥異。一個人說，「我們的公司上個月賺了一大筆錢。」另一個人說，「我們公司上個月總收入為五十萬美元，淨利率達到百分之二十六。與前一個月的銷售額相比，增加了百分之十二，同時運營費用減少百分之六。」顯然，後一句話提供給我更多資訊，使我能夠進一步分析是否投資於該公司。這條附加資訊，加上公司的本益比，對投資者來說，就可以減少投資風險並增加賺錢的機會。

交流的力量

擁有大量財務辭彙並結合對數字的理解能帶給你的孩子良好的人生財務啟蒙。我個人認為學校令人厭煩的原因之一，是學習沒有數字說明的單字。在英語課上學習如何使用單字，在數學課上學習如何使用數字。把二者分離，這讓我覺得厭倦並與我的現實生活沒有任何關聯。

當富爸爸教我如何在玩大富翁遊戲中進行投資時，我獲得了全新的辭彙，我發現我喜歡做數學作業。只是把美元符號加在數字之前，就讓我對語言和數字的興趣日益高漲。當孩子們玩「現金流」遊戲時，他們學習到了全新的財務辭彙，與此同時，他們在無意識中開始喜歡數學。

窮爸爸稱語言和數字的結合為「交流的力量」。作為一位學者，他對如何和什麼能使人們進行交流深感興趣。他觀察到當人們在分享對同一個單字的理解，並興奮地揣測每個單字間的差異時，彼此間的交流會特別活躍，他對我說：「交流（communication）一詞的詞根是『社區』（community）。當人們欣賞同一類語言方式時，社區就形成了。若人們不願分享同一類語言，或對它們的內涵無興趣，人們就會不被這個封閉的社區所接受。」

今天，我發現人們在談論計算機時會使用一些單詞如「megabyte」或「gigabyte」，喜歡和瞭解 byte 的人，以及知道 mega 和 giga 間的不同是這群人的共同點。如果你不喜歡這些單詞或不瞭解它們的不同，你就不會是該群體中的一員，這就是語言和數字的力量，它們可以吸納你，也可以排斥你。

給予你的孩子財務頭腦啟蒙的方式之一，是開始教你的孩子有關金錢的語言，並讓他們瞭解單字間的差異。如果你這樣做了，他們就會有可能融入理財高手的群體之中。如果他們沒掌握這些語言且不理解它們，就有可能被排斥於該群體之外。

記住富爸爸的話：「資產和負債之間差異巨大，雖然它們只是兩個簡單的單詞。如果你看不到這兩個單字間的區別，那麼差別就會體現在你的財務報表中，你也就不得不辛勤工作終生。」我也說過：「確信你的孩子知道資產和負債的區別，他們應被給予好的人生財務啟蒙教育。」

第十四章　零用錢作什麼用？

前幾天，我看到一位朋友給了他孩子一百美元。孩子接過來，放進口袋中，轉過身，什麼都沒說就走開。

我的朋友隨後說道：「你不想說些什麼嗎？你難道連句『謝謝』都不說？」

這個十六歲的男孩轉過身說道：「謝謝你什麼？」

「給了你一百美元。」父親說。

「這是我的零用錢，」男孩說，「我應得的，而且學校裡的其他孩子比我的還多。但如果你想讓我說『謝謝』，我會說的。謝謝你。」這個男孩把錢往口袋裡又塞了塞，走出房門。

這是今天許多年輕人都有「理所應當」心態典型的例子。不幸的是，我看到這一切發生得太頻繁了，父母已成了孩子們的自動取款機。

金錢是一種教具

「金錢是一種教具，」富爸爸說，「用它可以訓練人們做很多事。我所做的僅僅是在空中晃動著一些美元，人們就會有反應。這就像馴獸師用誘餌訓練動物一樣，金錢在很多方面能於人身上產生這種效應。」

「這樣看待金錢和教育是不是有點殘酷？」我問道，「你讓這一切聽起來殘酷而沒有人性。」

「我很高興你這麼說，」富爸爸說，「我想讓這一切聽起來殘酷卻沒有人性。」

「為什麼？」我問。

「因為我想讓你意識到金錢是一把雙刃劍，我想向你展示金錢的力量。我希望你知道並尊重這種力量。如果你尊重它，你就會在擁有金錢時，不濫用金錢的力量。」

「為什麼說金錢是一把雙刃劍呢？」我問。我已十七歲且已進入高中二年級。多年來，富爸爸一直在教我如何獲得、留住和投資金錢。現在他正開始教我關於金錢的新東西。

富爸爸從口袋裡拿出一枚硬幣。舉著它，他說道：「每個硬幣都有兩面，記住這句話。」他把硬幣放回口袋後，說道：「讓我們到市區去。」

十分鐘後，富爸爸找到了一個停車位並在停車場收費箱中放了一些錢進去。「快五點了，我們得快點。」

「急著幹什麼？」我說。

「快點，你會看見的。」富爸爸邊看路邊說，然後他帶我匆忙穿過一條街。

一旦穿過這條街，他和我站在那兒就能看到路旁一排零售商店了。突然，就在五點鐘，商店開始關門了，顧客忙著最後結帳，員工開始走出店門並對商店的店主說「晚安」和「明早見」。

「看到我所說的了嗎？」富爸爸說。

我沒有反應。我正在看富爸爸想讓我上的課，可我不喜歡這堂課。

「現在你是否明白我所說的『金錢是一種教具』的涵義？」富爸爸問道。此刻他和我正走過已關了門的商店。安靜而荒涼的街道令人產生冰涼和空曠的感覺，偶爾富爸爸會停下來，凝視他認為有趣的櫥窗。

我保持沉默。

在回程中，富爸爸又問我這個問題：「你明白了嗎？」

「明白了，」我答道：「你是說每天起床上班是件很糟的事？」

「不，我並沒說任何事情的好與壞，我只想讓你知道金錢的巨大力量，以及金錢為什麼是教具。」

「請解釋教具。」我說。

富爸爸想了一會兒，最後他開始說，「在錢出現之前，人類作為狩獵者流浪，靠土地和大海為生。基本上，上帝和大自然提供了我們生存所需要的任何東西。但隨著人類文明程度的提高，以及交易貨物和服務的不方便，金錢變得愈來愈重要。今天，那些有能力『控制金錢』的人，比仍在交換貨物和服務的人更有力量。換句話說，錢接手了這場遊戲。」

「你說『錢接手了這場遊戲』是什麼意思？」

「大約在幾百年前，人類還不真正需要金錢生存。自然提供給你一切。你想吃菜，可以自己種；如果需要肉，你就可到森林裡打獵。而今天，金錢賦予你活著的可能。顯然，在城裡一居室的公寓中，或郊區的院子裡以種菜謀生存是太困難了。你不可能用番茄支付電子帳單，政府也不可能接受你射死的鹿的鹿肉作為稅款。」

「就是因為人們需要錢換回生活必需的貨物和服務，你才會說錢已接手了遊戲。金錢和生活已密不可分。」

富爸爸點頭道：「在今天的世界裡，沒錢是很難生存的。金錢和個人生存的關係密不可分。」

「這就是你為什麼說金錢是教具的原因。」我靜靜地說：「因為金錢已與個人生存相連，如果你有錢，就能教人們去做他們可能不想做的事，例如每天起床上班。」

「或者是努力學習以便你能找到好工作。」富爸爸笑著加了一句。

「難道受到良好培訓和教育的工人對我們的社會不重要嗎？」我問。

「非常重要。」富爸爸說，「學校提供了醫生、工程師、警察、消防員、祕書、美容師、飛行員、士兵以及其他專業人士，從而使我們的文明社會更加文明，我並不是說學校不重要……我希望你們能繼續上大學，即使你們並不想上。但我還是想讓你們明白金錢是如何成為一種強有力的教具。」

「現在我明白了。」我說。

「有一天你會成為富人，」富爸爸說，「我想讓你意識到一旦你獲得金錢，你將擁有的力量和責任。你不要用你的財富使人們變成金錢的奴隸，而是要幫助人們成為金錢的主人。」

「就像你教我的這樣。」我說。

富爸爸點點頭。「隨著我們的文明社會愈來愈依賴金錢，金錢控制我們靈魂的力量也愈來愈大。就像你可以用狗糧教狗一樣，你也可以用錢教人們終生馴服並努力工作。太多為錢努力工作的人僅僅是為了生存，而不是為了提供使我們的文明社會更加美好的貨物和服務。這就是金錢成為教具的力量。這種力量有好與壞兩面。」

用錢可教你的孩子些什麼？

我對有多少年輕人有他們理所應當得到錢這個觀念很好奇，我知道不是所有的孩子都有這種觀念，但我注意到愈來愈多的年輕人持有這種態度。我還注意到許多父母用錢來減輕罪惡感。因為家長們整日忙於工作，於是他們中一些人就用錢來替代愛和關心。我還注意到凡請得起全日制褓姆的父母都會為孩子請一個。不斷增加的職業單親媽媽會帶著孩子上班，暑假時尤其如此。可仍有很多孩子被獨自一人留在家裡，他們被稱為「鑰匙兒童」。從學校回到家後的幾小時裡會沒人管他們，因為父母還在上班……辛勤工作就為了解決溫飽，正如富爸爸所說：「錢是一種教具。」

交換的重要性

父母能教孩子關於金錢的重要一課是「交換」的概念。交換一詞對富爸爸而言非常重要。他會說：「只要你願意用有價值的東西交換你想要的東西，你就可以得到它。換句話說，你給予的愈多，得到的也愈多。」

我收到許多人要求我作導師的請求。幾年前，一位年輕人打電話問是否能和我一起共進午餐，我拒絕了。但這個年輕人很固執，所以最後我就同意了。午餐結束時，年輕人問我：「我願意讓你做我的導師。」我謝絕了，但他用比堅持請我出來吃午飯更堅決的口氣請求我答應他。

最後我問他：「如果我同意，做為導師你希望我做些什麼？」

他答道：「我想讓你帶我參加你的會議，每星期在我身上至少花四小時告訴我如何投資房地產。我想讓你教我你所知道的一切。」

我對他的要求思考了一會兒，然後說：「你會給我什麼以做為交換呢？」年輕人對這個問題猶豫了一下，然後直了直身子，綻開他極富魅力的笑容說：「什麼也沒有。我沒有任何東西，這就是我讓你教我的原因，正像你富爸爸教你那樣，你也沒付給他什麼，對嗎？」

我呆靠在椅子上，瞪著這位年輕人：「所以你要讓我花些時間免費教你我所知道的內容。這就是你想要的？」

「對，當然。」年輕人說，「你又能希望我做什麼呢？付給你我還沒有的錢？如果我有錢，我就可以當別人的老師了，可是我現在在請你教我，教我致富。」

笑容重回我的臉上，坐在富爸爸桌子對面的舊日情景重現在我的腦海中。這次我坐在富爸爸的位置上，被要求按富爸爸教我的方式來教他。我站起來說：「謝謝你的午餐，可我的回答是『不』。我對成為你的導師沒有興趣。但我正在教你非常重要的一課。假如你從這堂課中學到了該學的東西，你將會成為你希望成為的富人。理解這堂課，你會找到你尋求的答案。」侍者拿著帳單走過來，我指著年輕人說：「他買單。」

「但答案是什麼呢？」年輕人問，「告訴我，給我答案。」

一週十次邀請

常有人請我做導師。我注意到這些邀請的共同之處，是幾乎沒有使用最為重要的商業辭彙，這個辭彙就是「交換」。換句話說，假如你想得到什麼，就應考慮拿什麼來進行交換。

假如你已讀過《富爸爸，窮爸爸》一書，你會記得富爸爸拿走我每小時十美分，並讓我為他免費工作的故事。如我所說，對一個九歲的男孩來說，免費工作是很有效的一課，它永遠地影響著我的生活。富爸爸拿走每小時十美分並不是殘酷。他透過拿走錢來教我成為富人的最重要一課——交換的課程。如富爸爸所說：「錢是一種教具。」他同時是在說缺少錢也能成為一種有力的教具。

在我上著免費工作這堂課的多年以後，我問富爸爸若我不同意免費工作，他是否還會教我。他的回答是：「不，絕不。當你要求我教你時，我就想瞭解你是否願意給予我一些東西以進行交換。如果你不願意給予什麼作為交換的話，那麼我對你的拒絕便是我教你的第一課——那些希望什麼也不付出而學到東西的人，通常在現實生活中什麼也得不到。」

在《富爸爸的投資指南》一書中，我提到當我請求彼得成為我的導師時發生的小故事。彼得最後同意了我的請求，但他要求我做的第一件事是自費去南美為他調查金礦一事。這是另一個交換的例子。如果我不同意去南美，或要求他支付我的費用，我相信彼得永遠都不會答應做我的導師的。這也證明我想向他學習的堅定決心。

課後隱藏的課程

對閱讀此書的大多數人來說，交換一課易於理解。但此課之後還隱藏了另外一堂課，這就是富爸爸拿走我那每小時十美分的工錢之後教我的課程。這是大多數人都沒發現的一課，對想致富的人來說，這是極為重要的一課。在你孩子幼年時教他們此課極為重要。

許多富人知道這一課，尤其是靠自己賺得財富的人知道此課。可是大多數辛苦工作的人並不知道這一課。

富爸爸對我說：「大多數人不富有的原因是他們被教導去尋找工作。但假如你只想尋找工作，致富幾乎就是不可能的。」富爸爸繼續解釋說，「若人們找到他並問我為你做這份工作，你會付給我多少錢？那麼，這麼想和說的人可能永遠都不會富有。假如你四處尋找能支付你的人，你永遠都致富無望。」

《富爸爸，窮爸爸》一書中，富爸爸拿走我的每小時十美分，僅是這四本書中的一個故事，但正是書中的這個故事，使富爸爸「交換」一課後面隱藏的真正的課程顯現出來。免費工作之後，我開始從不同的角度看問題，我開始尋找商業和投資機會而不僅僅是一份工作。我的大腦正在被訓練去看別人看不到的東西。一旦我得到了富爸爸商店裡將被扔掉的小畫冊，我就開始學到了富爸爸成為富人的最大祕密之一。這個祕密就是不要為錢工作，不要期望去找工作以便得到薪水。富爸爸隨後對我說：「大多數人無法致富的原因是他們已被訓練出為他們所做的工作索取報酬的思維路徑。假如你想致富，就需要按你能為多少人提供服務的模式思考。」當我停止為每小時十美分工作時，我就停止了為富爸爸工作以獲取報酬的想法，並開始尋找為更多人服務的道路。一旦我開始用這種方式思考，我就開始按富爸爸的思維模式進行思考了。

你服務愈多人會愈富有

今天，大多數年輕人上學並學習一項技能以便日後尋找工作。我們知道一天僅有二十四個小時。如果我們按小時或按其他時間測算方式出賣勞動力，我們在一天中所擁有的時間是有限的。而有限的時間又限制我們所能賺的金額。例如，一個人每小時賺五十美元，一天工作八小時，那麼此人每天最多能賺四百美元，每週則為兩千美元。一週有五天工作日，此人一月可賺八千美元。這個人增加所賺金額的唯一方式是增加工作時間，這就是為什麼美國政府統計部門宣佈，每一百位六十五歲的人中僅有一位是富人的原因。大多數人被培養成去工作以獲得薪水的思維方式，而不是去思考自己能為多少人服務。富爸爸常說：「你為之服務的人愈多，你就會愈富有。」

許多人被培養成僅為一個雇主或一定的顧客服務。富爸爸說：「我成為商人的原因是我想為盡可能多的人服務，他常會畫下面這張現金流象限圖以強調他的觀點。」（引自《富爸爸，有錢有理》）

指著象限的左邊，他會說：「這邊是靠體力付出獲得成功的。」指著象限的右邊，他說：「在這邊成功需要財務工作。」他繼續說道：「體力工作和財務工作之間差異巨大。」換句話，在你用體力工作和用你的錢做財務工作之間存在極大的差異。富爸爸還說：「我做的體力活越少，我為之服務的人數就越多，作為交換，我賺得就越多。」

寫《富爸爸，窮爸爸》一書的最初目的，是尋找為盡可能多的人服務之路，並且我知道如果我這樣做，就會賺一大筆錢。在寫此書之前，我教過此類課程並收上千美元的學費。雖然我正在賺錢，可我僅僅是為少數人服務，故而慢慢變得意興闌珊並想脫離這個過程。一旦意識到我需要為更多的人服

務，我知道我應該寫書而不僅僅是說話授課。

今天，同樣的課只花不到二十美元。我為幾百萬人服務，雖然很少工作，可我賺很多錢。所以多年前拿走我每小時十美分的這堂課繼續在發揮作用。發揮作用的原因是富爸爸致富的課程之後隱藏的主題是為盡可能多的人服務。如他所說：「大多數人離開學校去尋找高薪工作，而不是尋找為盡可能多的人服務之路。」

對富爸爸教我如何為盡可能多的人服務一課感興趣的讀者，可在第三本書《富爸爸，提早享受財富》中找到這一課。這堂課在B－I三角形中教授，而B－I三角形就是一個指導人們提出想法並把這些想法變成幾百萬美元以便為更多人服務的結構。許多人都有能使我們的世界更加美好的偉大想法，但問題是大多數人在離開學校時沒學會將這些想法變成現實的必備技能。富爸爸不是讓我們找工作，而是教他的兒子邁克和我建立為更多的人服務的公司。他說：「如果你建立了能為幾百萬人服務的公司，作為你努力的交換，你將成為百萬富翁。如果你為上億人服務，你將成為億萬富翁。這是最簡單不過的交換。」也是第三本書中講的內容，即建立一個有可能為幾百萬人，甚至上億人服務的企業，而不是為一個雇主或少數顧客服務。富爸爸說過：「你可以透過嫁給有錢人致富，也可以透過吝嗇、貪婪和詐騙致富。但致富最好的方式是慷慨，我所遇到的一些最富的人都很慷慨。他們沒有考慮自己該被支付多少，而是考慮能為多少人服務。」

我該付給孩子多少錢？

我常被問到下列問題：

- 我該給孩子多少零用錢？
- 我是否該停止支付孩子們所做的任何事情？
- 孩子成績好，我就給他們錢。你贊成這種做法嗎？
- 我是否該告訴孩子不要去找份工作？

對此類問題我的標準回答是：「如何補償孩子取決於你。每個孩子不同，每個家庭也各不相同。」我只想提醒你記住富爸爸的課程，並記住金錢是一種很有力的教具。如果你的孩子希望不付出什麼就得到錢，那麼也許他們的生活將是一無所有的生活。如果你的孩子僅為得到薪水而學習，那麼若你不為他或她的學習付薪水時，會發生什麼事呢？這是謹慎使用金錢為教具的問題。因為雖然錢是一種很有力的教具，但對你的孩子來說，還有更多要學習的東西。課後隱藏的課程更加重要，其中之一就是關於服務的課。

慈善在家中開始

我的爸爸媽媽都是非常慷慨的人，但他們和富爸爸慷慨的方式不同。作為夏威夷島教育長官，爸爸下班回家後，與孩子們一起吃晚飯，一週參加PTA（家長教師聯誼）會議兩到三次。還是孩子時，我記得晚飯後我站在廚房窗戶前向外揮手，望著爸爸駕車而去。他在按自己的方式為盡更多的家庭義務。許多次他坐車到一百英里以外的地方開會直到很晚才回來，而他只能在早上才能看到並祝福他自己的孩子。

媽媽經常帶孩子一起參加教堂裡銷售麵包和捐贈物品義賣的活動。她極願意奉獻她的時間並要求她的孩子們也這麼做。作為一名合格護士，她也定期為美國紅十字會工作。我記得在洪水和火山爆發的大災難中，她和爸爸一天到晚出去，為需要的人服務。當他們有機會參加甘乃迪和平公司時，他們立即投入其中，即使報酬十分微薄也在所不惜。

富爸爸和他的妻子有許多觀點與我的媽媽和爸爸觀點相同。他的妻子在婦女俱樂部裡異常活躍，常為值得的事情捐錢。富爸爸定期向教堂和各種慈善機構捐款，並資助兩個非盈利性機構的董事會。

我從這兩對父母身上發現無論你是社會活動家還是資本家，慈善都應從家中開始。假如你想讓孩子們變富有，教他們為人群服務是無價的課程。正如富爸爸所說：「你服務的人愈多，你就愈富裕。」

第三篇 **發現孩子的天賦**

富爸爸堅決鼓勵他的兒子和我，透過為盡人群服務這一方式致富。他會說：「若你把心思全花在僅為自己賺錢上，你會發現致富太難了。如果你不誠實、貪婪和付給人們的報酬少於他們應得的，你也會發現致富很難。你可以透過這些方式致富，但財富的價格很高。但是如果你把業務目標首先放在為盡人群服務上……一心想讓他們的生活更容易些，你就會找到鉅額的財富和快樂。」

窮爸爸堅信每個孩子都具有天賦，即使這個孩子在學校裡功課不好。他認為天才並不一定是坐在教室裡並知道所有正確答案的人，他也不認為天才比別的人聰明。他堅信我們中每個人都有天賦……而天才只不過是那個足夠幸運能發現他或她的天賦，並找到了釋放天賦的方式的人。

為了使他的關於天才的課程更加有趣，窮爸爸對我們講了一個故事。他說：「在你們每個人出生之前，便被給予了某種天賦。問題是沒人告訴你你已被賦予了天賦，也沒人告訴你當你發現它時，該怎樣利用它。在你出生後，你的工作是發現你的天賦並發揮它……為每一個人。假如你發揮你的天賦，你的生活將會充滿神奇。」

窮爸爸按這種方式寫下了天才這個單字：GENI-IN-US（我們身體內的精靈）

他繼續著他的故事：「天才就是發現了藏在他或她自己身體內的精靈的人。就像阿拉丁發現了瓶子裡的精靈那樣，我們每個人都應發現藏在我們自己身體內的精靈，這就是天才這個單字的來歷。天才是在自己的身上發現了精靈的人，天才是發現了他或她被給予天賦的人。」

窮爸爸隨後還會加上他的警示語：「若你發現了你的精靈，你的精靈會讓你進行三個願望的選擇。它會說，第一個願望是『你願意僅把你的天賦留給自己嗎？』第二個願望是『你願意把你的天賦送給你所愛的人和與你親密的人嗎？』而第三個願望是『你願意把你的天賦給所有的人嗎？』」

顯然，對我們這些孩子來說，會選擇第三個願望。窮爸爸的課總會這樣結束：「世界充滿了天才。我們每個人都是天才。問題是，我們中大多數人都把自己的天賦深鎖於瓶子內。還有太多人選擇僅為自己或所愛的人發揮天賦。只有當我們選擇了第三個願望時，精靈才會從瓶子中出來。當我們選擇發揮出我們的天賦時，魔力才會出現。」

兩個爸爸都相信給予的魔力。一個爸爸透過建立為盡可能多的人服務的事業來找到魔力，另一個爸爸則盡力去發現我們被賦予的天賦，發現深藏在我們身上的精靈，並讓精靈的魔力從瓶子中釋放出來。

當我還是個小孩時，兩個爸爸的課對我發揮了作用。兩個故事給了我生活、學習和給予的理由。聽起來也許很傻，可做為九歲的孩子，我相信在我的體內的確有一個精靈，我還相信魔力……現在我仍確信不已。否則，一個由於不會寫作文而將要留級的孩子怎麼能寫出一本國際暢銷書呢？

本書最後一部分獻給你孩子的天賦。

第十五章　如何發現孩子的天賦？

我們中的大多數人會被問：「你是哪個星座的？」如果你是天秤座的，你就會說：「我是天秤座的，你呢？」我們中大多數人都知道自己的星座，就像我們中大多數人都知道有四個主要的星宮組：土、風、水、火。同時也知道共有十二個星座：處女、天蠍、巨蟹、摩羯、水瓶、牡羊、雙子、金牛、獅子、射手、雙魚和天秤。除非我們是星相專家，否則我們中大部分人都不可能完全知道所有這十二個星座的性格特點。可我們通常都知道自己星座的性格特點，甚至還知道幾個別的星座。例如，我是牡羊座，我的很多行為與星相圖中對牡羊座的人的描述非常吻合。我的妻子是水瓶座，她也有那些普遍的傾向性特徵。知道我們之間的不同有助於我們相處，因為我們都能更好地瞭解彼此。

我們中很少有人發現人與人之間不僅有性格差異，而且還有學習特點的不同。現行教育體制讓許多人痛苦的原因是，我們的學校體制僅僅適用於一部分人的學習特點。如果你想發現屬於你的獨一無二的學習方式和你的天賦的話，本章將闡述不同的學習方式，並幫助你發現你孩子，甚至你自己的學習方式。

本章還解釋了為什麼許多在學校學習成績的人，在現實世界中卻並不得志的原因，以及與之正好相反的事例。

不同的青蛙有不同的游姿

我們中大多數人都聽過這句話，「不同的青蛙有不同的游姿。」本人對此也深表贊同。我五歲時，我家和鄰居家一起到海濱遊玩。突然，我抬起頭，看見我的朋友威利正在水中拚命掙扎。他掉進深水裡，因為不會游泳，就快要被淹死了。我拚命地又喊又叫，終於吸引了一個高中生的注意，於是他跳進水裡救了威利。

在這次幾乎致命的事故之後，兩個家庭決定所有的孩子應接受正式游泳訓練。很快，我出現在公共游泳池學習游泳，可是我討厭它。待不了多久，我就會跑出池子，躲進帶鎖的房間裡，因為我不會正規地游泳，很害怕被教練大聲訓斥。從那時起，我就恨透了淡水游泳池中的漂白水味。

幾年後，我在大海中學會了游泳，因為我喜歡刺魚和挖蛤蜊。十二歲時，我開始用身體衝浪，繼而是在帆板上衝浪，但我仍不會正規的游泳方法。

而威利卻學會了像一條魚似地游泳，並很快參加了夏威夷的游泳比賽。高中時，他參加了州游泳錦標賽。雖然沒有贏，但這個故事卻告訴了大家他是如何從幾乎溺水身亡這一事件中汲取教訓，並將它轉化為個人愛好的。他的事故促使我的家庭強迫性地把我送進游泳班，可我卻學會了憎惡游泳池和永遠不學習正規的游泳方法。

當我去紐約上學時，我們被要求在游泳池中參加游泳考試，我失敗了。雖然我曾刺魚、潛水游泳和在冬天的大海浪中衝浪，可是我的游泳課卻不及格，只因我不懂正規的游泳方法。

我記得曾寫信給家裡，並試圖向朋友們解釋我正在上游泳課的原因，是因為我游泳考試不及格。這些朋友是多年來和我一起在夏威夷最危險的海域裡游泳的朋友們。

好消息是我終於學會了在淡水池子中，用正規的狗爬式和自由式姿勢游泳。在那之前，我一直都是用俯泳和側踢腿的側泳結合的方法游泳的，而我的游姿卻絲毫吸引不了游泳教練。

問題的關鍵是儘管我不會在淡水池子中按正規方法游泳，但我卻能夠在大海裡，甚至是非常險峻的海面上，很舒服地游泳。我仍不是個好的游泳者，但我在海洋裡的感覺如同在家中一般。我知道很多在游泳池中能用標準姿式游泳的人卻害怕兇險的大海、激流、潮流、回頭浪和大浪。如諺語所說：「不同的青蛙有不同的游姿。」

不同的學習方式

剛才的內容並不是討論我缺少游泳才能，而是要說明我們的學習方式各不相同，做的事也不一樣。雖然現在我可以按正規姿勢游泳，但是我發現自己還是更喜歡用自己的游法。我從未像威利那樣參加過游泳比賽，更沒有用我引以為傲的姿勢去得獎，但我一直在用適合自己的方式做事，我認為這是我們中大多數人的方式，我們知道我們該做什麼，可是我們更願意按自己喜歡的方式做事。一樣的道理，你們的孩子也正在使用同樣的學習方式。

如何發現孩子的天賦

為發現孩子的天賦，你首先要發現他們喜歡如何學習和他們為什麼要學這些東西。例如，我不學游泳是因為我不想學習游泳。我學游泳是因為我想衝浪。如果不是為了衝浪，我對學習游泳毫無興趣，而強迫我學只會讓我更討厭游泳。相反，我不是和其他孩子一起在淺水池內開始我的游泳生涯，而是直接跳進深水裡學習生存。同樣的事情還有學習閱讀財務報表。

並不是因為我想成為會計師而學習會計，我學習基礎會計知識是因為我想致富。如果你認為我的游泳姿勢很醜，你就應該看我的會計帳。

窮爸爸意識到我不是個學術天才，所以他鼓勵我尋找自己的學習方式。他沒有強迫我遵守和依從傳統的學習方式，而是鼓勵我「跳進深水裡，為我的人生游泳。」他並不殘忍，他只是發現我的學習方式就是我學習的方式，他想讓我按我能學得最好的方式學習。就像我的游姿不漂亮一樣，我學習的方式也不漂亮。

其他人按更傳統些的方法學習。許多人去學校，他們喜歡教室、喜歡按預先安排好的課程表上課。許多人高興地知道在課程結束時，他們會得到獎勵。他們樂意知道由於自己的努力，將通過考試和拿到學位。如我所說，他們喜歡這種計畫結束時的獎勵確定性。就像我的朋友威利很會游泳是因為他喜歡游泳一樣，許多人在學校裡表現很好是因為他們喜歡學校。

人們在生活中成功的關鍵，是發現他們如何學得最好的方式，並確信他們生活在能讓他們按學得最好的方式學習下去的環境裡。問題是，發現我們的學習方式以及自然天賦所在是件很偶然的事。許多人可能終生發現不了他們的天賦。一旦他們離開學校，找到工作後，由於家庭和財務原因，就會中斷這一自我發現的過程。如何發現一個人的學習方式和其獨一無二的天賦是至今也沒弄清楚的疑問。

科爾比指數（Kolbe Index）

我曾和一個朋友聊天並向她解釋我討厭坐辦公室。我向她解釋說，雖然我有幾棟辦公大樓，可我卻從沒一間正式的辦公室，「我只是討厭被鎖在房間內。」我說。

我的朋友笑著說道：「你測過科爾比指數嗎？」

「沒有，」我答道，「那是什麼？」

「是一種可測量你的自然學習方式或工作模式的儀器。它還可測量你的天性，或自然天賦。」

「我從未聽說過這種特殊的指數，但我已進行了很多此類的測試。」我說，「我發現這些很有用，但不知它是不是類似我以前用過的儀器？它是否能發現更多的關於我的星座的東西？」

「噢，是的，有相似之處，」我的朋友說，「然而也有一些不同，科爾比指數能給你一些其他測評不能給你的東西。」

「是什麼？」我問。

「我已說過了，它能指出你的天賦和你的自然學習方式。它也告訴你你將做什麼或不做什麼，而不是你能做什麼或不能做什麼。」我的朋友答道，「科爾比會測量你的自然天性，而不是你的智力或性格。科爾比指數會告訴你其他測試沒有告訴你的一些獨有的事情，畢竟它測試的是你是誰，而不是你認為你是誰。」

「天性？」我說，「它能怎樣幫助我呢？」我幾乎迫不及待地想參加這個測試了。

「先瞭解個大概，隨後我們再細談它。事實上，指數的發明者凱西．科爾比，就住在鳳凰城。你測試完以後，我會安排你們兩個見面。你可以自己看一看這個儀器是否和我所說的一樣。」

「我怎麼參加測試？」我問。

「到網站就可以參加測試了。我想你得花五十美元，並花幾分鐘回答三十六個問題。」她答道。

「我什麼時候可以得到結果？」

「立刻，」我的朋友說，「你一答完問題，就可以得到結果，我還會安排你和凱西的見面。她並不常見客人，但她是我的朋友，我會告訴她你也是我的朋友。」

我同意了。幾分鐘後，我得到了科爾比指數，結果請見下頁插圖。

我發現這個結果很有趣，但因為知道要和指數的發明者一道吃午飯，我決定等待並聽她怎麼說。

三天後，凱西和我一同共進午餐。看了我的指數後，她說，「你透過冒險而倍感精力充沛，是嗎？」

我呵呵地笑了起來，凱西的聲音聽上去可愛、充滿善意。她在講這句話時，帶著理解和感情，我可以斷定她知道我是誰，儘管我們是初次見面。「妳怎樣來說明呢？」我問。

「你的精力與天分吻合，這就告訴了我你的工作模式。對你而言，就是『快速啟動能力』（Quick Start）和『實踐能力』（Implementor）線條促使你採取行動。」她笑著說。

科爾比指數結果

Get Conative

羅勃特・清崎

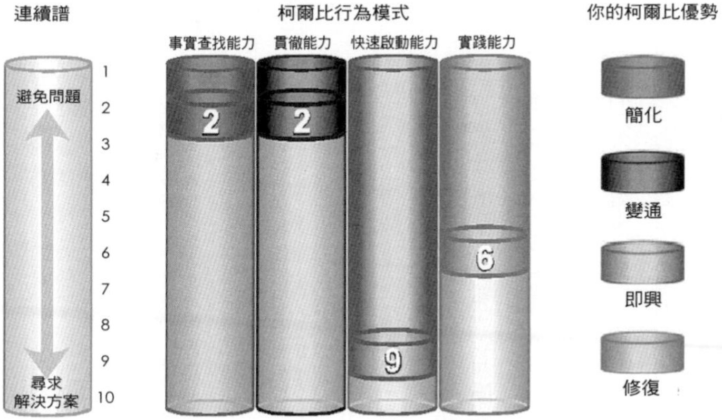

柯爾比行為模式指的是受直覺驅動的行為，
而非受到人格或智商驅動。

事實查找能力：指的是你如何蒐集和分享資訊。

貫徹能力：指的是你如何安排和設計。

快速啟動能力：指的是你應對風險和不確定性的能力。

實踐能力：指的是你如何處理空間和有形事物。

你的作法是化繁為簡

你的作法是懂得變通

你的作法是即興發揮

你的作法是修復

科爾比連續譜上的每一環都代表同等正向特質。

「圖表中的線告訴我你本能地尋求冒險。你天生地傾向於它們，對嗎？」

我點了點頭。

「你曾身陷危險嗎？」

「是的，很多次，尤其是我在越南時。妳為什麼問這個？」

「你在這種情況下感到興奮嗎？」她問，「在這種情況下，你覺得自己的天性被完全激發以應付所處的危險嗎？」

「是的，我喜歡在戰鬥中飛行。」我答道。「那是一種既令人興奮又悲壯的感覺。但我仍喜歡在戰鬥中飛行，一旦回到和平時代的飛行中，我再也找不到那種感覺了。」

「這很有意義，」她說，「從日常的軍旅生活中過渡到返家後的日子是否很困難？」她問，「你復員返家後是否陷入了麻煩？」

「是的，」我說，「妳怎麼知道？」

「我知道因為你具備這種才能，能夠同時處理好許多事情。」她文雅地說，「它告訴我你並沒有按程式辦事。你的『快速啟動能力』和『實踐能力』結果表明你喜歡冒險並對緊急的感覺感到興奮，所以你在越南會很順利。但你會發現和平時期的軍旅生活太死板、太機械化，你需要刺激。如果你得不到足夠的刺激，你就會去創造刺激。正所謂當你身陷麻煩中時，你會經常和那些試圖讓你規規矩矩地遵守規定的權威人物發生衝突。」

「你也會讀掌紋嗎？」我問。隨後我問她是否是我的朋友告訴了她關於我的一些事情。

我有點懷疑，因為凱西對我瞭解得太多了，而我們才剛剛認識。

她說：「沒有。我並不知道你的任何事情。當我向某人解釋結果時，我寧願對他一無所知。我相信我的指數的準確性，我寧可相信這些指數，而不願聽別人對某個人的描述，或我對他們所說的記憶。」凱西繼續說道，她之所以願意和我見面僅僅是因為她的朋友要求她來，而且她發現與那些真誠地想更多瞭解她的工作的人一起分享她的工作是件很快樂的事。在午餐結束時，我們對彼此都已瞭解了很多，凱西開始和我深入地探討科爾比指數對我的解釋。她指著我的圖表說，「假如你今天還在學校，你會被貼上過動症、注意力不集中的標記，你可能還會被迫服藥以便你能安靜下來。」

「妳同意這種治療方式嗎？」我問她。

「不，這不適用於大多數孩子，」她說，「我認為給兒童服藥並給他們貼上雙重的負面標記，對他們的天生的能力及自尊都是極不公平的。它掠奪了他們對自身所持的正常的自豪感。如果你在年輕的時候被人逼下服了藥，可能永遠都發現不了你的人生之路，也不會寫出暢銷書。你或許永遠都找不到你已找到的成功。」

「另一方面，也許沒什麼東西能讓你屈服，」凱西繼續道，「就是說，在今天的學校體制裡，你可能會被認為是問題學生，有缺陷的學生。但這並不意味著你不能學，而是說你無法按學校通常教我們的方法學習。你很幸運，你父親知道這一點，」她說，「我知道你稱你做教師的父親為『窮爸爸』，但他的確在很多方面豐富了你的生活。從許多方面來說，你的成功得益於你的窮爸爸。他很聰明地讓你向富爸爸學習，並鼓勵你按你能學得最好的方式學習，即使就像你承認的那樣，它並不是很漂亮的學習方式。」

點了點頭，我說：「它確實不是很漂亮。」停頓片刻後，我問，「那妳如何定義成功？」

凱西笑著說：「我把成功定義為成為自己的自由。這也是你父親為你所做的。他尊重你並幫助你得到成為自己的自由。」

「許多人掉入了試圖成為他們的父母或社會所希望他們成為的人的陷阱。我並不認為這是真正的成功……不論他們成為多富有或多有勢力的人。身為人類，我們有自然地去尋找我們是誰的自由。如果我們不與強迫我們違反天性的人或事抗爭，我們就會失去自尊和違背我們的天賦。」

「對，」我說，「如果我循著我爸爸的足跡，我永遠都找不到成功。高中時，我是被群體排斥在外的人。我與我的老師和同學都合不來。」

「但我打賭你喜歡幼稚園。」凱西微笑著說。

「是的，」我答道，「妳怎麼知道？」

凱西又指了指我的測試表說：「對那些『實踐能力』線很長的人來說，比如你，幼稚園是最棒的地方。實踐能力會自然地去觸摸東西和建立東西，你的『快速啟動能力』線把你帶入全新事物的體驗中，『貫徹能力』線並未佔據這個結構的很多部分。你還沒有進行全面測試，可這個結果很適合你，對嗎？」

我點點頭說，「是的，很適合。今天我們喜歡建立新東西，如新產品。我喜歡不動產是因為我可以看、摸和感覺我的投資。我總對人們說我不會停止玩大富翁的，我愛玩。」

凱西笑著指了指表中的「貫徹能力」部分。「但是從一年級到三年級，具有與你不同的貫徹能力線的孩子會過得很順利。」

「為什麼他們會順利？」我問，「為什麼從一年級到三年級之間，人們開始具有不同的『貫徹能力』線圖案？」我現在對這位女士的知識非常有興趣。

「因為在這幾年中，積木和玩具開始消失，命令和整齊進入了課程表中。具有長長的『貫徹能力』線的人會很適應命令和整齊。到了三年級，所有剩餘的『實踐能力』才能都被趕出了教室。」

「命令和整齊？」我說，「命令和整齊與教育有什麼關係？」

凱西又笑了笑說，「我可以透過你的『貫徹能力』結構判斷，服從命令和保持整齊不是你的強項。」

「是的，它們不是。但是那會影響我在學校的表現嗎？」我問。

「噢，一定的，」凱西說，「我敢打賭你在一年級時就沒有學前班和幼稚園開心。」

「是的，」我說，「一年級時，我開始打架，而在幼稚園裡，我更喜歡玩玩具或在熱鬧的體育館裡玩。可是上了一年級時，因為打架，老師開始叫我問題兒童。」

「這就是他們拿走玩具和積木後的結果。」她答道，「沒有玩具的男孩經常會打其他男孩子。」

「我要說在我待過的學校裡的確是這麼回事。」我說，「但是為什麼具有很強的『貫徹能力』線的人這一時期會過得很好呢？」

「因為在這一發展階段要求整齊和服從命令，現在你是坐在整齊排列的課桌前，而不是坐在地板上或圍著桌子坐成一圈。老師不鼓勵你隨手塗鴉，而是開始強調整齊的書法和字體。他們希望你能一行一行地寫，而不是在整張紙上隨意地寫。老師們通常會喜歡穿得乾乾淨淨的女孩子和聽話、不打鬧的男孩子。我想你絕不是那種穿得乾乾淨淨去見老師的男孩，是嗎？」凱西狡黠地問。

「是的，我不是。我認為在上學校的路上，正好能穿過那條街真是件好事，因為我會因掉進街道中泥坑裡而被送回家。我常能找到滑入或掉進泥坑裡的辦法。」

「你那時就開始感到學校有什麼不同嗎？」凱西問。

「在一年級時還沒有，但到三年級時，我記得就開始注意到一些不同了，」我答道，「我注意到有些孩子成了老師的寵兒。在我三年級的班裡，有一個女孩和一個男孩最後成了高中時的領袖人物。他們最後結了婚，每個人都知道他們從三年級起就是學校裡的明星。他們長得好看、聰明、衣著整潔，受歡迎並且是好學生。」

「聽上去學校就像是為他們特別打造的。他們的結果怎麼樣？」凱西問，「他們發現了他們想要的成功了嗎？」

「我並不知道，我猜想他們成功了。他們從沒離開過我們長大的城市。他們在社區中深受尊重，並像以前一樣受歡迎。所以我想他們找到了成功。」

「對他們來說，的確是很如意。似乎他們已透過他們的生活、婚姻而擁有了成為他們自己的自由。」凱西說。

「三年級以後會發生什麼事？」我問，「是神奇的九歲嗎？」

「從四年級起，有長長的『事實查找能力』（Fact Finder）線的人開始適用這一體制。從四年級到十二年級的教育體制適合事實查找能力。一些孩子自覺把目標對準了姓名、地點和日期。事實查找能力的方法受到了獎勵，課堂很適合這些孩子。」凱西說。

凱西繼續解釋說，從九歲起，學生被一系列的「搜索錯誤」行動所衡量。你參加拼寫考試，記憶大量的圖表，數已讀過的書目，並透過回憶裡面的事實證明你已讀過它們。

我告訴了她魯道夫．史代納關於九歲的變化理論以及會有多少老師知道一個孩子是否能在學校體制中取得成功。我說：「到九歲時，我就知道我不會成為這個體制中的耀眼明星。他們永遠地拿走了我的玩具。」

凱西笑了。「是的，一個像你一樣有著『實踐能力』需要的人會懷念玩具。擁有『事實查找能力』天才的人會簡化而不是死記複雜的事實和數字，而你卻會很糊塗。所以你的『快速啟動能力』會發揮作用，並試圖尋找所有獨特的方式以避免你被認為是學校裡的傻瓜。」

「老師不管這些，」我說，「所以許多孩子在他們學校生涯裡過早地被打上了聰明、笨或麻煩製造者的標記。」

凱西悲傷地點了點頭，「大多數學校教師具有較強的『事實查找能力』和『貫徹能力』的天分。他們傾向於稱與自己天分類似的人為『聰明』。當然，智力與這無關。教育家們對於天分的價值常視而不見。他們的才能適合於學校環境，所以他們堅持下去。這個教育體制是他們天然的家，他們喜歡它。」

「所以教育體制仍繼續關注一種學習方式，並繼續去發現為什麼孩子不學習的細微差異。這就是為什麼我們鑑定出如此多的不同的學習障礙的原因。」凱西總結道。

「這是很不明智的，」我說道，「我們並沒有學習障礙，我們只有把你教成具有學習障礙的人的古老的學校體制。我恨那兒！」我恨恨地說。

「但你喜歡學習，對嗎？」凱西問。

「我喜歡學習，我參加研討班、讀書、不停地聽磁帶。當我發現新的、令人興奮的學習內容時，我真的會很興奮。我很高興學習妳一直在研究的東西，」我說，「但由於某些原因，我恨學校。但是如果我恨學校的話，妳又怎麼能說我愛學習呢？」

凱西指了指我的「科爾比」結果，問道：「你看這個了嗎？」

在我的「職業項目提示」報表，列著如下可能的職業：

演員	典範樹立者	DJ
獨創藝術的手工藝者	財產的發展者	運動／事件攝影師
環境保護者	心理醫生	車商
物理學家	發明家	牛仔
餐廳老闆	新產品的開發者	人生教練
雜技藝人	AV特效製作	電腦動畫師
野外生活探索者	電視製片人	氣象專家
體育愛好者	廣告展示者	產科醫生
因材施教的教育家	錄音師	保鏢
教師——身體力行者	頂尖業務	

凱西指著「因材施教的教育家」說道：「我碰到的進入這種職業路徑的人，通常都是很積極的學習者，只不過他們的才能在傳統的教育體系中被埋沒了。」

「的確如此。」我答道，「我定期參加研討班，我參加研討班而不去定期上大學，是因為我不需要完成課程後得到的學位和證書。我只想要獲得資訊。」

「你會考慮多少種可能的職業途徑？」凱西問。

我看了一會兒這個表後說道，「除了心理醫生和餐廳老闆之外，我都喜歡。」

「為什麼？」凱西問。

「我在這些領域已有太多的經歷。在越南我見了太多的鮮血和傷口，而富爸爸擁有餐廳。我能很容易地成為堅定的環境保護者，並已擁有因材施教的教育公司快十年了。我喜歡教學。迄今，我仍在樹立典範，增加財產並發明東西和申請專利。事實上，我熱愛新產品的開發，我真的喜歡廣告題材和製作電視廣告。所以我說妳的表內已列滿了我感興趣的事或已做過的事情。」

我靜靜地坐了一會兒，整理了一下我和凱西所涉及的內容。我很興奮因為我愛學習，我很高興地發現了我不適合學校的原因。我又看了看「科爾比」指數結果，並問道：「所以那些在三年級以後，或九歲以後在學校學習很好的孩子，是那些在『事實查找能力』和『貫徹能力』方面很強的人？」

「是的，」凱西說，「這就是你為什麼會在學校裡遇到麻煩，因為他們拿走了積木和玩具，你不再能藉由玩來學習。你可能身在教室，心卻早就飛了，飛到了窗外。」

「是的，」我說，「我煩透了，我受夠了參加考試並如何通過考試這類事。我簡直是迫不及待地想畢業，以便能趕快進入現實世界。」

「這就是『快速啟動能力』在你身上的體現，」凱西說，「因為你的精力用在了快速啟動能力和實踐能力上面，你總會發現快速建立有形事物的竅門。例如你的遊戲、你的書和你的生意。這是為什麼你會生產尼龍錢包，正如你所告訴我的，以及建立許多引導你成功的專案的原因。你是一位天生具有先鋒者精神的企業家。」

「妳為什麼說先鋒者精神？」我問。

「這是你的指數結果告訴我的。你的『實踐能力』體現了實事求是的傳遞才能，你的『快速啟動能力』在冒險時會興奮起來。你不是傳統意義上的發展企業和產品的天然企業家，你的動力是首先進入新領域。」

「所以這就是為什麼我會很困難地解釋我所做的事，因為在時間上我常會超前很多年。」我又加了一句，「我在創造市場上還不存在的產品。」

「是的，」凱西又指著圖表來說，「『快速啟動能力』的著眼點是未來，『事實查找能力』的著眼點是過去；『實踐能力』關注現在；而『貫徹能力』結合了過去、現在和未來。你總是著眼於未來，在現在建立著為未來服務的企業和產品，你總是超越時間的界限。」

科爾比行為模式比較

「這就是我總與事實查找能力爭論的原因。」我說，「事實查找能力想要事實和數字，但我給不了他們這些東西，因為未來還沒來到。」

凱西點了點頭笑著說：「是的，我認為凡有你這種行為模式的人一定會和有事實查找能力或貫徹能力結構的人發生牴觸。如我所說，你在學校可能會有麻煩，乃因為大多數老師

適用進入各種行為模式的人關鍵概念

概念	事實查找能力（FF）	貫徹能力（FT）	快速啟動能力（QS）	實踐能力（IM）
時間段	過去	過去、現在和未來的結合	未來	現在
時間使用	測定某事通過體驗和專門智能會需要多長時間：把事件放在歷史的角度衡量	把事情按照順序排好並使其有連續性制定進度表；按部就班盡力充滿節奏感並與他人合拍	事先遇見和提前處理事情。拖過預見可能發生的事關注未來，遇見變化	維持現狀，希望此刻能永久。創造耐用的高質量產品
交流方式	用書面語言	圖表	講話	道具、模型和示範
儲存訊息	依其重要性	依字母順序	依顏色	依質量
學習需要	按課程讀書並了解過去是怎麼做的	學習公式的理念	對散發性思維觀念進行試驗並創新	用模型和樣板工作
目標實現	· 通過技能 · 制定複雜計畫 · 選項比較	· 制度結合 · 展開最壞劇情 · 保證一定質量	· 緊急感覺最短期限 · 可視目標 · 尋求違背豁然性的解決方法	· 需要有長遠價值的堅實，明確的目標 · 使用最高質量的材料與技術

堅持那些『事實查找能力』的解釋和『貫徹能力』原則，而二者都是你天然排斥的。」

「你知道，這對我愈來愈有意義。我真的很尊重我的大多數老師，但我也知道與他們志向不同，」我說，「我現在還知道我們甚至彼此道不合。」

凱西笑了起來，「最近在我的班上我聽到一個笑話。問題是，你稱到處都是『事實查找能力』的機構為什麼？答案是『大學』。」

我呵呵地笑了起來並又加上一句，「那麼妳如何稱謂『快速啟動能力者』和『實踐能力』雲集的地方？答案應該是『幼稚園』。」

凱西笑著說，「或者是一家網路公司。」

我又發出一陣大笑，「這就是為什麼有那麼多的網路公司會倒閉的原因，」我說道，「大多數的網路公司由一個沒有任何基礎、事實、利潤或現實世界經驗的『快速啟動能力』領導，他們缺乏『貫徹能力』。我知道這一點，是因為當我在現實世界中首先開始事業時也是這個樣子，這也是我的第一個公司失敗的原因。我們有個好公司，但我們三個人全是『快速啟動能力』且都不具備『貫徹能力』。當我剛建立起公司時，它們充滿活力並迅速發展，可是很快就衰敗了。我們沒有事實、數字或『貫徹能力』。」

「這就是為什麼我決定和企業一起工作的原因，」凱西說，「既然你既年長又充滿智慧，你認為那些主導素質是『事實查找能力』和『貫徹能力』的人怎麼樣？」

「我愛他們，」我說，「沒有他們，我將無法生存。」

「這也是我的觀點，」凱西說，「我們需要尊重每一個人帶到這個世界上的天分和才能，為了任何一類人都能生存，就需要劃分所有這四種模式的比例。我們不應歧視某一類人，而是要把我們的才能融合起來並補充我們的天賦。我敢打賭你討厭那種方式，即老師稱『事實查找能力』孩子很聰明，而認為像你這樣的『快速啟動能力』孩子不夠聰明。」

「討厭它？我認為它簡直羞辱和貶低了我的人格。」

「那麼你帶著怒氣會做些什麼？」凱西問。

「我跑出去並按我的方式做任何事。我想證明我聰明，」我說，「我討厭被標上蠢笨的記號和被認為不太可能成功。我討厭老師說『羅勃特有很大潛力……但他不爭氣。要是他能約束自己並學習該多好』！」

「所以他們愈試圖約束你，你就愈下定決心要成功？」凱西問，「你將怒氣轉化為實現你終生目標的動力？」

「是的，我已做得很好，」我有點自滿地說，「我寫出了暢銷書，而那些英語課成績是A的孩子們也至今沒寫出來一本。我賺的錢比大多數取得好成績的孩子要多。」

此刻，我自信滿滿。在壓抑了多年的怒氣和挫敗感之後，我終於出了一口氣。

「所以你將怒氣轉化為尋找個人之路的動力？你發現了成為你自己的自由了嗎？」凱西優雅地笑著問道。

「是的，」我志得意滿地說道，「我走我自己的路，我發現了我想要的生活，我的生活按我期望的方式進行。我不想找工作，我不想讓任何人告訴我我能賺多少錢，我不想被關在辦公室裡。」

「恭喜你，」凱西說，「你已實現了成功，你成功是因為你已獲得了成為你自己的自由。」

我靠回椅子，讓她的祝福溶入我的內心，以驅走多年來從學校積澱的長久的挫敗感。「我從未想過用這種方式定義成功」，我說，「我的意思是，我從未意識到我的怒氣和挫敗感竟給我帶來如此的成功。」

「很好，」凱西說，「可你知道許多人定義成功的方式與你非常不同嗎？你能理解有很多人需要去尋找職業保障並在安靜、穩定的環境中感到開心嗎？甚至僅滿足於簡易的車子和房子。」

「是的，我知道。」我答道，「我的爸爸媽媽對這一切就很滿意。他們按自己的方式取得了成功。我只知道他們的路不適合我。所以，我明白了生活真的是『不同的青蛙有不同的游姿』。」

「既然你更成熟更有見識，那麼請告訴我你很欣賞其他類型的人嗎？我是說，你欣賞你辦公室裡那些具有較強『貫徹能力』或『事實查找能力』特徵的人嗎？」

「現在更甚，」我答道，「我愛這些人。沒有他們，我做不了我所做的事；沒有他們，我也不可能成功。」

凱西笑著說：「我很高興聽到這些。」她停頓了一會兒，整理了一下思路，然後小心謹慎地問道：「你認為在今天你能和你的學校老師相處愉快嗎？即使是那些傷害過你或你曾與其爭吵的老師？」

「嗯，我不知道能否做得很好。」我不加思索地答道。

「你知道這是教育體制，而不是老師在責備你所做的事嗎？」凱西詢問道。

我點頭，「是的，我知道，所以我仍不喜歡它。我發現老師是在盡力完成體制交待的工作。」

「所以讓我告訴你為什麼你會如此充滿怒氣，」凱西說，「我認為你生氣，是因為這個體制試圖毀掉你的天賦，並強迫你成為你不想成為的那種天才類型。」

「你是說我的天賦在『快速啟動能力』？你這麼說是因為我好動？」

「是的，但我要講到的天賦是你在『事實查找能力』一項中的天賦。」

「事實查找能力？」我驚奇地說，「『事實查找能力』

每種行為模式中的積極力量

	行動模式			
	事實查找能力	貫徹能力	快速啟動能力	實踐能力
阻力	簡化	適應	穩定	想像
反應	精煉	重新安排	改正	創新
開始	證明	組織	即興而動	建設

是我的弱項。我怎麼會在『事實查找能力』方面有天賦？」

「你在每個專案後面都隱藏了一種天賦。甚至在『事實查找能力』方面。」凱西說，她從小冊子中抽出了一頁紙。

指著「事實查找能力」下面的「簡化」一詞，她說，「在『事實查找能力』項目之下，這就是你的天賦。你的天賦就是抓住並簡化它們。我認為你的書能寫得如此好的原因，就是你抓住了一個複雜的題目，例如金錢的專案，並簡化了它。」

我開始有點明白了，「其實這也是富爸爸的方式，他喜歡把事情弄得簡單化。」

凱西接著又指向「事實查找能力」項下的「證明」一詞，「這是你窮爸爸的天賦，並使他在學校和在學術環境中很成功，他擁有挖掘事實和數據的天賦。我敢打賭你的窮爸爸在蒐集資料、做研究、尋找特殊性和制定目標方面精力充沛。在『事實查找能力』項下，他具有與你不同的天賦，這也可解釋為什麼他在學校裡很順利而你卻不行。」

「在所有專案中，我們都具有天賦。」我輕輕地說道，同時開始更多地瞭解了凱西的工作。

凱西點點頭。「我已定義了十二種天賦類型，我們每個人會有四種不同的天賦，每個專案下一個。」

「十二種不同的天賦……我們每人擁有四種。所以說，我們組成團隊去行動最好，因為每個人對於如何解決問題都有不同的看法。這就是妳在工作中的發現嗎？」我問。

凱西又點了點頭，「你對這些圖表瞭解得愈多，你就會更多地發現你與你周圍人的不同。透過更好地瞭解彼此，我們就會尊重我們之間的不同並更加和諧地工作和生活。組成團隊進行工作能比你獨立工作更有效地解決問題，所以我喜歡透過建立一支高效率的團隊進行工作。發現差異中的樂趣，不論是在工作間還是在家庭環境中。」

「這是妳的天賦或才能，」我說，「妳想讓人們互相尊重彼此的天賦或才能，並一起合作。那麼妳的強項是什麼呢？」

「我的『快速啟動能力』和『貫徹能力』兩項最強。這就是為什麼我能用圖表進行解釋的原因。在我對我的體制滿意並認為它有效之前，我需要把全部的人類行為技能納入該體制中。

然後我在我的小組中安排『事實查找能力』，並讓他們做他們能做得最好的事。我對他們的才能有極高的評價，它們補充了我只會簡化的才能。像你一樣，我的這根線在底部。我又不像你，我把我的工作放入了帶演算法的軟體系統，該系統能產生格式化的圖表底線。最令人欣慰的是，我發揮了我的自然創造才能去幫助他人發現了最適合自己的職業和實現了個人滿足感。但我無法事必躬親。尤其是在競爭激烈的世界，要想擁有成功的企業，需要擁有團隊和十二種天賦。我真的不知道一個獨斷的企業領導人是怎樣成功的，他或她最多擁有四種天賦。所以，我做這個工作一方面是希望人們和企業能更有效率，另一方面也是想保護每個人在團隊中的個人尊嚴。在團隊中，每個人都很重要。」

「恭喜妳」，我說，「妳也發現了妳人生中的成功，同時也真正地找到了成為真正的自己的自由。」

凱西笑著點了點頭，「現在讓我們更仔細地看一下你在『快速啟動能力』項中的天賦。」

「在『快速啟動能力』項，你的天賦出現在『即興而動』一欄中，這說明你的天性是去冒險、創造變化、主動試驗、尋找挑戰、尋求改革，反抗陳規陋習，按直覺行事。」

當我聽凱西講我的性格傾向時，覺得有點發毛，「妳稱這些是我的天賦？我總是認為它們是我的愚行。」

「不要低估這種能力。一個團隊或組織需要你的天賦。當其他人還坐著不動和沒完沒了地討論、組成委員會並一事無成時，你已迅速開始行動了。所以採取行動、冒險和反抗陳規陋習是你天賦中的重要部分。」

「我希望妳能告訴我的老師這一切，」我靜靜地說道，「他們並不把這看成是天才。他們把它稱做別的什麼東西。」

凱西笑了笑並繼續說道：「你的窮爸爸可能不是個倉促行事的人。他首先要瞭解事實，他顯然不會像你那麼衝動，他也不那麼雄心勃勃。他蒐集事實，他不會製造混亂也不會應對危機情況。他遵守規矩並且從不違犯它們。」

「那很像他，」我說，「所以他在學校很順利並最終成為州教育系統的領導。」

凱西點頭道：「你的天賦是一旦你有了某種思想，就像 NIKE 的廣告詞，『立刻去做』

（Just Do It.）。你的『快速啟動能力』和『實踐能力』使你一旦擁有一種觀念就能迅速把它變成產品、公司或錢，你有煉金士的手法。我敢說你能從一無所有中賺錢。當然，長長的『快速啟動能力』線能使破布變成財富。」

我點頭，「我能這麼做，我在有了一種想法後就會立刻付諸行動。許多次我都是倉促行事，那是我的作風。我會跳進深淵裡並被淹沒，但我活過來之後，我會更聰明因為我透過實踐學到了本領。我學習的方式剛好與我們學騎自行車的方式一樣。因為我在實踐中學習，所以當人們問我我是怎樣做到我所做的事時，我無法回答。我無法回答是因為我是用身體而不是心智去學習的。這就像妳試圖告訴別人怎麼騎自行車卻不讓他或她親自去騎。我發現許多需要事實、害怕冒險的人常常什麼也做不成，因為他們害怕透過親身體會來學習。他們把時間花在學習而不是行動上。」

「一些像你爸爸的人——領導『事實查找能力』的人，或許會陷入我們普遍稱為『分析麻痺症』的泥沼中，」凱西說，「你進入一座陌生的城市後，可能會瞎逛好幾天，而你的父親卻會首先買張地圖並閱讀城市旅遊手冊。你知道這有多麼不同嗎？」

「是的，我知道。窮爸爸在做任何事前總要先研究事實。我不喜歡研究，只管亂闖並陷入麻煩，然後才會做本來應該早做的研究。」

「這就是你的學習方式，也是你變得聰明的方式。你爸爸很明智地發現了這一切。」

「正因為這個，他和我只在一起打過幾次高爾夫球，」我說，「我爸爸會測算每一個擊球點，他永遠都要計算風速和到球洞的距離，他還會測算草地的斜度和草的倒向。而我，則是走過去擊球，並在擊球後才分析我哪兒錯了。」

「你喜歡團隊運動嗎？」凱西問。

「是的，妳怎麼知道？我喜歡橄欖球，在大學時我是球隊隊長。但我不喜歡我一個人要做完所有事情的運動。」

「我這麼說是因為對你而言，要取得成功必須在你的周圍有一個團隊。正是這種願望和傾向反映了你對具有不同才能的人的尊重。有時，擁有長長的『事實查找能力』和『快速啟動能力』線的人總相信他們能做所有的事。他們舉止得體、熱切地投入並努力實現計畫。他們善於啟動一件事，但需要更多的理由和很長的時間接受你認為可輕易完成的事。」

「噢，這倒挺有意思。」我答道，「我的許多成功朋友都認為他們的自制力相當強。所以他們一定是有較長的『快速啟動能力』和『事實查找能力』線。我則是透過組成團隊來幫助我。」

「這是你智慧中的重要組成部分。這也是為什麼你喜歡團隊運動，而不喜歡打高爾夫球的原因，」凱西繼續道，「發現你周圍需要團隊，你會比那些試圖自我控制一切的人更容易建立較大的企業。雖然『快速啟動能力』和『事實查找能力』結合的人，傾向於接受更多的可預見的風險，而你卻傾向於孤注一擲的冒險。這就是你不想常坐在辦公室裡的原因。」

「太有意思了，」我說，「我對自己不抱希望，我喜歡有許多人幫助我做事。」

「這也許還是你在學校裡考試成績不好的原因。你需要團隊一起來想個好答案，但老師會說這是作弊。」

我大笑起來並問道：「妳確信在班裡妳不會落在我後面？」

「不會的。我的班上有很多你這樣的人，在教室內你不會順利的，但在團隊運動或其他需要一個團隊共同去做的事情中，你會做得很好，你確信你不會獨自一人參加人生的考試。」

「這就是我在學校裡總和聰明孩子坐在一起，以及當我工作時需要他們在我團隊中的原因。富爸爸總說『企業就是一項團隊運動專案』，所以他會在他的周圍組成非常聰明的人的團隊以幫助他理財。」

「你們一樣聰明，只不過他們的聰明體現在『事實查找能力』上。當這種才能加在你的才能之上後，你就知道了大部分謎底，你幫助每個人解開了謎團。十二種天賦結合在一起會萬無不勝，」她說，「當然，它還能使合適的天賦用在適當的地方以解決特殊問題。」

「所以我爸爸為財務問題所困因為他想獨自行動，而富爸爸卻是採用團體行動方式。我的窮爸爸利用他在學校所學的獨自參加考試，富爸爸和他的隊伍一起參加財務考試，從而在現實世界中創造了一個有差異的世界。」

凱西猛力地點頭：「使天賦正確結合，你就會成功，任何人都無法勝過它們。」我們午餐的時間已結束了，我們都希望能再次見面，而且這次是跟整個公司。要走時，我問她：

科爾比指數結果

Get Conative

無名氏

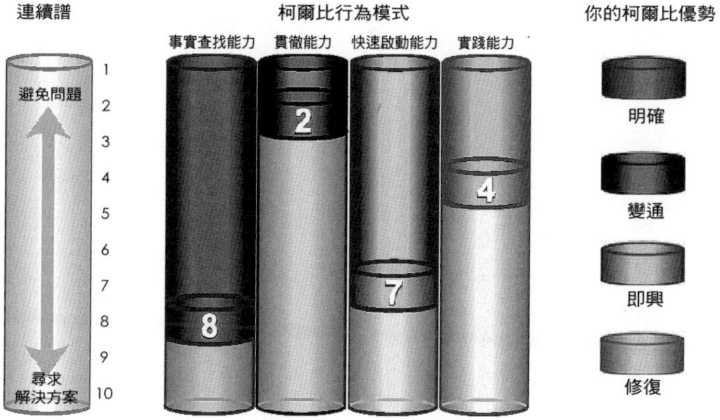

柯爾比行為模式指的是受直覺驅動的行為，而非受到人格或智商驅動。

事實查找能力：指的是你如何蒐集和分享資訊。

你的作法是明確具體

貫徹能力：指的是你如何安排和設計。

你的作法是懂得變通

快速啟動能力：指的是你應對風險和不確定性的能力。

你的作法是即興發揮

實踐能力：指的是你如何處理空間和有形事物。

你的作法是修復

科爾比連續譜上的每一環都代表同等正向特質。

「妳有專門針對孩子的科爾比指數嗎？」

她滿臉興奮地說道：「很高興你這麼問。我們已設計了此類儀器，具有五年級以上閱讀水平的孩子均可使用。事實上，我已有了一個類似你做的A指數的青少年指數，我稱它為思考——練習。它們將幫助孩子們學會信任自己的天賦並使用天賦。」

「孩子們要是知道他們的學習能力，並發現他們的天賦在哪兒就太好了，」我說，「愈早愈好，它可避免在長年摸索中浪費時間。」

「這正是我從事這項工作的原因。」凱西邊說邊上了車並向我揮手再見。

凱西．科爾比是誰？

一九八五年，凱西．科爾比被《時代雜誌》選為美國七位「年度風雲人物」代表之一，並稱她是「新開拓者……具有豐富的想象力，大無畏的精神，旺盛的精力以及鋼鐵般的意志。」

她被授與「美國最傑出的小企業主」獎，並被白宮選為具有「勇於開拓」精神的五十位美國人之一。她在全世界開研討班和講座。她的暢銷書包括《意動聯結》（Conative Connection）和《真正的天性》（Pure Instinct）。凱西深受其父親溫德利（E. F. Wonderlic）個人測試法發明者的影響。談及她的父親，她充滿愛意，但同時也明白她所做的與她父親所做的是不同的事情。他是用他的認知儀器進行個人測試的發明者，而她從不相信這種智商測試能發現真正的天賦或自然能力。在父親的鼓勵下，她利用父親的成果並開發更新了新一代的測試方法。

凱西的機構是個充滿樂趣的地方。我個人認為我遇到了一個在精神上與我同類的人。對教育界來說這項工作帶給了學生更多的尊嚴和尊重。她是少數認可我的觀點的人——我們每個人都具有天賦或天分，只不過有些不被教育體制認可而已。在今天的資訊時代中，她的資訊新鮮且具有啟示意義。

青年人指數被稱為「Kolbe Y 指數」，作為孩子大概情況的一部分，它將進行如下三方面的分析：

· 你如何將學校作業做到最好？
· 你如何玩得更好？
· 你如何交流得更好？

我發現，當我明白了我的科爾比結果後，對於我直覺地認為自己是誰非常有用。它立刻告訴了我，我為什麼會被我的學校老師標上不可教或笨的記號。如果我在幼年時就得到了科爾比指數，我就可以避免或正確對待我在學校裡遇到的許多問題。我希望你能發現同樣有用的知識。

第十六章 成功是成為你自己的自由

當我還是個孩子時，老師常說：「你需要良好的教育，才能找到好工作。」另一方面富爸爸則畫出現金流象限。他不是告訴我去找工作，這將會把我限制在E象限，即員工象限，他提供給我象限選擇的機會。

當我在學校裡遇到麻煩時，窮爸爸教我尋找適合自己的學習方式的自由。

更多的選擇給你更多成功的機會

本章的要點是說在今日世界，我們擁有更多的選擇。每當我們增加一種新興產業，如航空業或電腦產業時，我們就擴大了職業和興趣選擇的機會。今天，正在長大的孩子們所面臨的問題是有太多的選擇反而使他們無所適從。但是我們擁有的選擇愈多，成功的機會就愈大。

如果父親想剝奪孩子們的選擇，那只會導致家庭混亂。作為家長，如果你說「不要這麼做」或「不要那麼做」，你的孩子就更有可能做你不讓他們做的事，或者他們也許已做過了。

還是孩子時，我的經歷是我的父母從不限制我的選擇，而是提供給我更多的選擇。這不是說當我沒有紀律時，也不會受到約束，而是說我的兩個爸爸所做的事情之一，是提供給我更多的選擇，而不是限制我該做什麼和不該做什麼。

所以本章的希望是給家長更多的選擇以便提供給孩子，從而使孩子能最終找到他們自己的成功之路。如凱西．科爾比所說：「成功就是成為你自己的自由。」（Success is the freedom to be who you are.）

當你長大後，你想成為什麼人？

富爸爸不是簡單地告訴我「上學，找工作」，而是提供給我更多的選擇。下面是《富爸爸，有錢有理》一書中講到現金流的流象限。

對那些尚未讀過本書的人進行一下解釋。

E代表員工

S代表自我雇傭者或小業主

B代表企業主

I代表投資者

被提供了這種選擇後，我發現我更能控制自己的命運和我想學的東西了。沿著這條路，我也發現稅法在不同的象限是不同的，這一事實幫助我看清要進入的未來之路。作為成年人，如我們大多數人知道的一樣，繳稅是我們一生中最大的費用。不幸的是，E和S象限要承擔更多的納稅份額。

涉及孩子，你也許想給他們提供象限的選擇而不是簡單地說，「上學去，以便你能找個工作。」

透過擁有選擇，我知道最適合我的學習課程，是導引我進入B和I象限的學習課程，我還知道那是我長大後最想成為的人。今天，無論我們是在E、S或B象限，我們都需要成為投資者，或在I象限。希望你不要再指望政府或雇用你的公司在你退休後負責你的餘生。

選擇或結果

我的富爸爸給我的財務啟蒙教育，是瞭解財務報表中的選擇和結果。

當你看到整張財務報表時，你會明白這種教育有多麼重要。

透過做財務家庭作業，邁克和我很快理解我們每收到一美元，就會面臨一次選擇，而這個選擇可以在費用項中發現。我們也發現每當我們賺進或花掉一美元時，都會引起漣漪效應，或者說是那種行為的結果。拿出一美元去買像汽車那樣的負債，我們知道長期的結果是我們將更窮，而不是更富有。

透過做出開銷決定，或類似下圖的選擇，長期的結果將會不同。

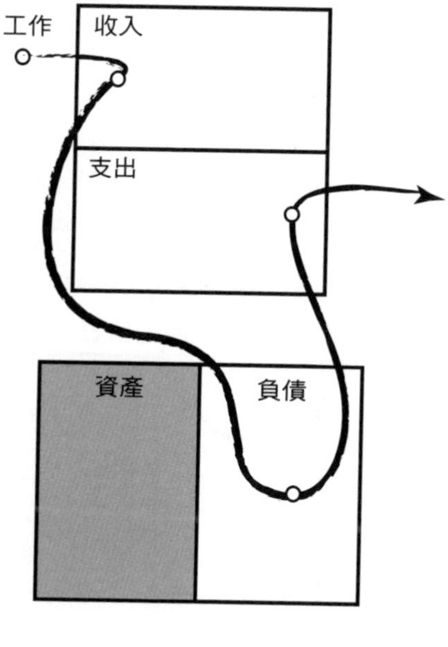

作為小孩子，我們就看到，做出投資於資產的開銷選擇會產生長期結果。邁克和我在九歲時已知道，只有我們自己才具有控制我們財務命運的力量，而不是別的人。我們知道如果我們做出了類似第二種財務報表的財務選擇，那麼無論我們有無擁有一個好工作或受過好的教育，都會富有。我們知道我們的財務成功並不是學業成功的結果。

湯瑪斯．史丹利是《下個富翁就是你》（Millionaire Next Door）的作者，他在新著《百萬富翁的智慧》（The Millionaire Mind）

中提到，他的研究發現財務成功與學業成功沒有關係，這二者並不相關，這一點容易理解。我們都需回顧的是我們早些時候談過的事實，即我們的學校體制只專注於學業技能和職業技能的培養。學校體制遺漏了富爸爸教我的技能——財務技能。

如本書開始時所述：「在資訊時代，教育變得比以前更加重要。要為你的孩子作好進入未來的準備，充分的財務技能相當重要。」

透過給你的孩子基礎財務教育，如財務報表，你給予他們控制他們的財務命運的力量。

無論他們選擇什麼職業、賺多少錢或在學校裡成績好不好，都會擁有這種力量。正如富爸爸經常提到：「金錢並不能使你富有。大多數人犯的最大的錯誤就是他們認為多賺錢就會使他們更富有。在多數情況下，當人們賺到更多錢後，反而愈來愈深地陷入債務。這就是金錢本身不會讓你富有的原因。」這也是為什麼他教我和邁克，我們每花一美元，就做出了一個選擇，而這個選擇會產生長期結果的原因。

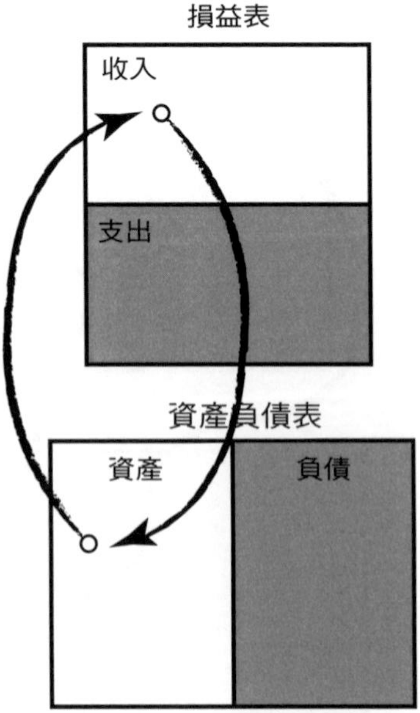

四的力量

我們大多數人都聽過格言，「沒有人是一座孤島」或「三個臭皮匠，勝過一個諸葛亮」。

我個人當然同意這些說法，可我們的教育體制卻不同意它們後面隱藏的智慧。在《富爸爸，提早享受財富》一書中，我提到了四面體的力量。下面是一個四面體，或叫金字塔。在我對這個堅實的幾何體的研究中，我發現四面體是最小的堅固結構，同時也是所有結構中最穩定的，這也是為什麼金字塔能維持那麼長久的原因，關鍵就是在數字四中發現的魔力。

當你看星相圖時，你會看到有四個主要星宮：土、風、水、火。這四個基本元素組成了我們所知道的世界。

假如你把這四個基本星宮放入一張圖中，就會看到它類似的四面體。

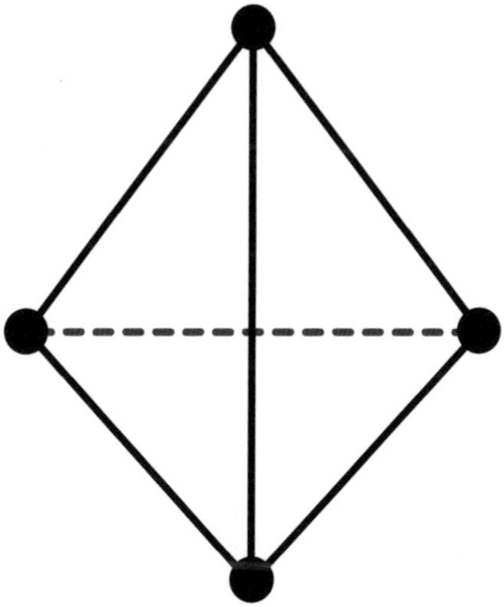

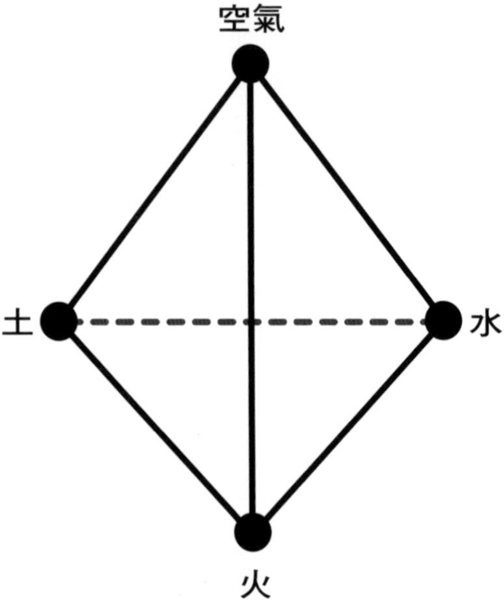

看金錢和企業的世界，我們發現了現金流象限。四在其中仍是個神奇的數字。四邊分別是員工（E）、自雇主或小企業主（S）、大企業主（B）和投資者（I）。顯然，又形成了一個四面體。

古希臘醫師希波克拉底（西元前四六〇～三三七），常被稱為醫藥之父，他使用四種不同的性格類型來描述不同的人。他用的詞是：易怒的、樂觀的、冷漠的和憂鬱的。

在二十世紀，卡爾・榮格博士也把人分為四種類型並使用下列詞語：思考者、感覺者、直覺者和敏感者。

二十世紀五〇年代，伊莎爾・邁耶和她的母親發明了邁耶・布里格斯感測器（MBTI）。MBTI 定義了十六種不同類型的人，但有趣的是，又把他們納入到四組中，D是主宰、I是影響、S是支援、C是順從。

今天，許多此類的性格類型儀器已出現，許多公司使用這些儀器，以保證它們能把合適的人放在適合他們工作的位置上。這正是我要指出「四」這個數字重要性。

凱西．科爾比的工作也有幾處有趣的地方，正是它們增加了這項研究的不同之處，從而使我們更能發現自己並使自己獨一無二，其中之一就是為什麼有些孩子在學校很順利而有些孩子不行。當你看到這個四面體後，就會明白為什麼如此多的年輕人會在學校裡遇到麻煩。

你可很容易看出現行教育體制

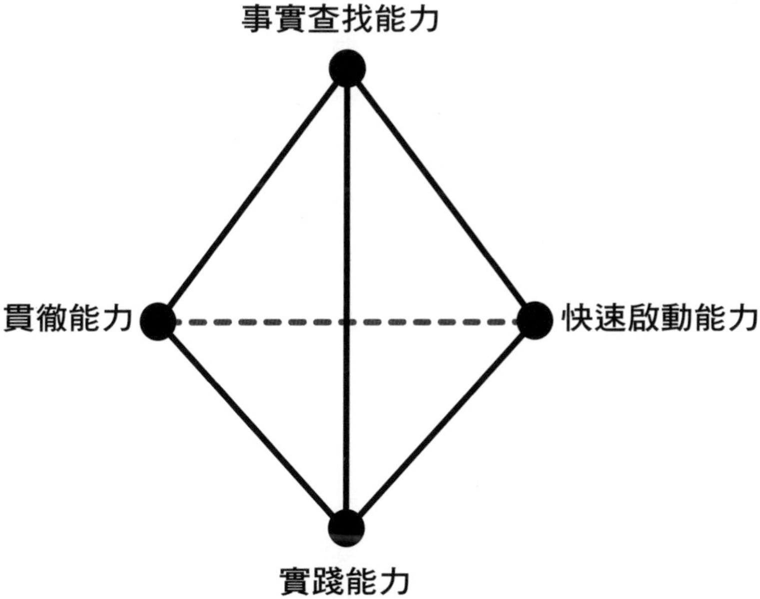

只是為那些「事實查找能力」能力很強的人設計的。其他三組人則會在這一過程中掙扎，換句話說，世界由四種不同學習類型的人組成，可是學校體制只承認一種。

十二的力量

大多數人都知道一年有十二個月，黃道有十二宮。經過人類的發展，數字四和十二不斷以具有重要意義的數字出現，當你研究堅固的幾何體時，你就會明白為什麼這種關係會重複出現。不幸的是目前的教育體制只承認一種學習方式和一種天賦。本書要告訴父母的是理解孩子們有四種學習方式和十二種不同的天賦十分重要。換句話說，現在有更多教育孩子的方式以及發揮孩子天賦的方法供你選擇。如書中早已論述的，智力一詞意味著發現更多差異的能力，「教育」一詞與「引出」（educe）一詞的詞根一樣，都是「抽出」，而不是「填入」的意思。

當你注視小孩子的眼睛時，請時刻謹記在你孩子的身上有一些「天賦」。它也許和學校體制要求的不一樣，但你的孩子的確具有天賦。雖然它不是學校體制所認可的，但父母和老師對它的發掘卻有非常重要的意義。無論何時，你注視孩子的眼睛，都會看到他或她的天賦。孩子的天賦正在那兒提醒我們，我們的身體內也有一個精靈，正是這個精靈把生活的魔力帶入生活之中。

結語　世界上最重要的工作

窮爸爸常說：「有兩種孩子。一種孩子靠循著路標取得成功，也有孩子憎恨遵循路標，並認為他們必須闖一條自己的路。在我們每個人體內都有這兩個孩子的存在。」

不要碰爐子

窮爸爸想讓我知道，尋找自己的路很好，只要我在探索過程中是光榮且正直的。許多次我長久地離開道路，可不管我離開道路多久，我的爸爸總是一直亮著燈，歡迎我回家。

他常常不同意我所做的事，但他讓我知道，即使他不同意，他也不會阻止我做事。他會說，「一個孩子知道熱爐子這個詞的唯一方式就是摸一個熱爐子。」

我記得有個晚上曾聽到他在家長教師聯誼會議上致詞並講述熱爐子故事。當他說話時，台下觀眾中有大約一百五十位家長，「作為成年人，我們知道熱爐子是什麼的唯一方式，就是我們都摸過熱爐子。雖然我們都被告知不要摸熱爐子，可我們卻摸過。假如你們中有人還沒摸過熱爐子的話，我建議你們很快去摸一下。在你摸了之後，你的生活才會更加真實。」

父母和老師聽完這段話後都大笑起來。一個家長舉起手並問道，「你是說我們不該約束我們的孩子？」

「不，我並沒這麼說。我是說你的孩子會透過其生活的經歷而學習。我說的是一個孩子知道熱爐子這個詞的唯一方法就是摸摸它。假如我們告訴他們不要去摸爐子，我們就太可笑了。孩子仍會去摸爐子，這是上帝給他們的學習方式，孩子們透過做、犯錯誤的方式去學習。可作為成年人，我們卻試圖藉由告訴他們不要犯錯誤，懲罰他們的錯誤來教育我們的孩子。這是錯誤的。」

讓燈亮著

我只有十四歲，但我知道許多家長和老師不喜歡爸爸的話。對他們來說，避免犯錯誤是一種生活方式。另一個家長舉起手說道：「所以你想說犯錯誤是自然的。犯錯誤是我們學習的方式。」

「這正是我要說的。」我爸爸說。

「但學校體制懲罰出錯的孩子。」同一位家長說，他依舊站著。

「這就是我今晚在這兒的原因。」爸爸說，「我在這兒是因為作為老師，我們已遠離了改正錯誤的方式，我們太集中於尋找和懲罰犯錯的孩子。我擔心我們愈是懲罰錯誤，而不是教孩子們改正錯誤並從中學習，我們更容易丟失教育的本意。我們不是去懲罰犯錯誤的孩子，而是要鼓勵他們更多地犯錯誤。他們所犯的錯誤和從中學到的愈多，他們就會愈聰明。」

「但你們這些老師懲罰和傷害那些犯太多錯誤的孩子。」家長說。

「是的，這是我們體制的缺陷。我也是這個體制的一部分，所以今晚我在這兒。」

爸爸繼續解釋道：「一個孩子天生的好奇心會驅使這個孩子去學習。這就像好奇心會殺掉一隻貓一樣，太多的好奇心對一個孩子有害。」這晚，我爸爸說父母和教師的工作是在不傷害孩子天生的好奇心的前提下幫助他改正錯誤。

然後這個家長又問：「你如何在不傷害孩子好奇心的前提下改正他們的錯誤？」

爸爸答道：「我也沒有答案。我相信這是一門需要具體提問和分析的藝術，所以不可能只有一個答案。」他繼續道，「我在這兒只想提醒家長們，我們都是透過摸熱爐子而知道熱爐子是怎麼回事的。雖然我們被要求不要摸它，我們還是摸了。我們摸它是因為我們好奇並想學習新東西。我在這裡特別指出孩子的好奇心和學習的欲望，所有的孩子天生擁有好奇心，我們的工作就是在保護好奇心的同時盡力保護孩子。保護好奇心非常重要因為這是我們學習的方式。傷害好奇心就會傷害孩子的未來。」

又一位家長舉起手說：「我是單親媽媽。現在我的孩子不服我的管教。他很晚回家且拒絕聽我的話，他正向壞孩子堆裡跑，我該怎麼做？我該鼓勵他的好奇心還是等著他進監獄？」

父親問道：「妳的孩子多大了？」

「剛滿十六歲。」單親媽媽說。

父親搖了搖頭，「我已說過我沒有答案。涉及到正在成長的孩子，我沒有『放諸四海皆準』的答案。也許警察那兒有妳兒子尋找的答案。為了妳兒子的命運，我希望不要這樣。」

爸爸接著講了他關於兩種類型孩子的故事。一種孩子循著筆直而狹窄的小路走著，而另一種孩子則需要開創他或她自己的路。爸爸繼續說道，所有的父母能做的就是讓燈一直亮著並希望孩子能回到正路上來。他還提醒父母，他們中許多人也遠離了這條路。他說我們每個人的體內都有一個想發現他或她自己的道路的願望。他進一步解釋道，「我們都相信有一條正確的路和一條錯誤的路，但有時，自己的路就是最好的路。」他在結束時說道，「有時我們的路並不是孩子們的路。」

這個年輕母親並不滿意這個答案，她又站起來問道，「但假如他在黑暗中流浪且永遠不回來，該怎麼辦？那時我能做些什麼？」

爸爸停頓了一下，並用眼睛告訴她，他理解她內心的擔憂，然後靜靜地說道：「讓燈一直亮著。」他收起講稿並走下臺階。在即將踱出仍然一片寂靜的房間時，我的父親轉過身來並說道：「父母和老師的工作是讓燈一直亮著。這是世界上最重要的工作。」

你不能教一個人任何東西，而只能幫助他發現他自己內在的東西。

——伽利略

附錄A 古老的問題

所謂「零用錢」就是定期給個人或家庭的費用數額。零用錢的定義適用於許多地方，怎樣向孩子們解釋零用錢的含義是極為重要的。

零用錢會養成理所當然的心態

孩子們是否會把零用錢看成是「理所當然」的呢？在「理所當然」這個思想日益成為成人世界中的問題時，我們相信父母不應培養孩子們認為，每週他們都理所當然地應該得到一定數額的零用錢的想法。

零用錢會強化孩子的員工心態

孩子們在完成約定好的工作或責任後是否會得到零用錢？

針對特定工作給予報酬的缺點就是可能會讓孩子們養成員工心態。「你做這件事，我會付你十美元。」這樣的行為可能會強化為錢工作的員工心態。

學習貢獻

孩子們需要理解他們應為家庭和社會做出的貢獻，同時不應期望金錢上的補償。家長們為使孩子們承擔他們本應承擔且不該接受報酬的任務，往往會求助於「賄賂」。我是根據個人的知識做出這一判斷的。當你發現自己要求助於「賄賂」時，就應像聽到起床鈴一樣清醒過來，當你試圖「賄賂」孩子時，你正在把控制權交給他們，你在把你作為父母擁有的力量交到你孩子的手中。許多家長掩飾其「賄賂」形式並稱其為「獎勵」制度。

父母的策略

我們無意支配父母們的思想，我們有一些方法可以幫助父母們制定適合各自家庭的零用錢制度。可以對孩子採取四階段計畫。最重要的是，我們建議您能與孩子公開、持久地交流對此問題的看法。

階段1：個人責任。確定你的孩子為了他們自己的健康和發展，應承擔的一定責任和義務。（例如，早晚刷牙應被列入個人責任範圍內，一些家長還把疊床或收拾碗筷列入其中。）個人責任不應得到任何的財務報酬。

階段2：家庭或社會責任。確定應為家庭和社會環境承擔的義務，而且並不收取財務報酬。

這些行為有助於孩子生存環境的美化。（例如，佈置晚飯餐桌、為弟妹們講故事、幫年老的婦女拿東西等，都是家庭或社會責任的例子。）家庭和社會責任也沒有財務報酬。

階段3：特定任務。父母根據自己的意願確立一個準則，以確定是否給孩子零用錢，以及哪些特定的任務或責任可以獲得報酬。

應儘量防止在孩子身上出現「理所當然」的態度。讓孩子參與上述準則的制定。你或許想讓孩子為他們的零用錢向你收帳，那麼就讓他們對所承擔的任務更加負責（每週洗一次車對父母來說，是可以不屬於階段2的事情，並可考慮據此每星期給一次零用錢）。一些孩子忙於體育鍛鍊和學校作業，於是父母就給他們一些零花錢以承認他們的努力。這裡的問題是應公開地與你的孩子討論你期望孩子所能承擔的責任。

階段4：啟發孩子的企業家精神。鼓勵孩子思考賺錢的方式。讓他們提出任務或分享其他孩子賺錢的故事，以開啟他們的心智並抓住他們自己的機會。鼓勵他們承擔特定的「任務」並建立一套每項任務完成後的支付制度，讓他們在工作結束後向你收取費用。

財務教育

要教孩子們有關資產與負債的概念；瞭解薪水、被動收入和證券投資組合收入的不同，以及被動收入與組合收入的重要性；認識什麼是額外支出。可用《富爸爸，窮爸爸》以及本書中的簡單圖表來教孩子。只有從小用這類財務教育來教導你的孩子，才會為他們的將來負起正確的財務責任打好基礎。

延遲享樂

財務責任涵蓋了財務知識和對「延遲享樂」（delayed gratification）的理解，《富爸爸，窮爸爸》一書對「延遲享樂」有較多的討論。對孩子來說，建立一個儲蓄計畫的好處之一，是教會他們認識「延遲享樂」這一概念的力量。透過和孩子一道制定財務目標，並幫助他們制定實現目標的財務計畫，你已向他們灌輸了財富成功的公式。當他們實現這些目標時，在這一過程中建立的自尊更是無價。在今天這個及時行樂的世界裡，我們正剝奪著孩子們來自於目標實現後獲得的強烈的成功感覺。為什麼會這樣呢？因為我們總是給他們現存的東西，而不是讓他們靠自己的能力去爭取。

例如，你的孩子想要一輛新自行車。用《富爸爸，窮爸爸》一書中介紹的方法，窮爸爸會說「我付不起」，而富爸爸則說「我怎樣才能付得起」。要教你的孩子說「我怎樣才能」，而不是「我不能」。幫助他們建立一個怎樣才能賺錢買自行車的計畫，鼓勵孩子去想實現這個目標的計畫。評估他們的進步並根據需要調整目標。讓你的孩子用完成計畫時所獲得的最後獎勵買自行車。承認孩子的努力和最後取得的成功。

債務和信用卡

今天，信用卡已成為不可或缺的工具。不幸的是，當帳單來到時，最後的結果卻是遲來的災難。應對的策略是類似上述買自行車的故事的財務目標制定和延遲享樂。

不論我們怎麼看待信用卡，它們都已在我們今天的社會中泛濫。孩子們透過電視、收音機或觀察，每天都會得到信用卡鋪天蓋地的「只需記帳便可」的資訊。父母們應讓孩子們看到信用卡的整個畫面，讓他們瞭解信用卡的另一面，讓他們看著你們付帳單，並向他們解釋信用卡的利息對資產負債表的影響。讓他們看到每張信用卡上的額度。

也要向他們講解使用信用卡的好處，信用卡可以輕鬆地幫助你逐項記錄你是如何花錢的，許多人聰明地使用信用卡，每月都結清帳目以便銀行無法收取利息。

許多家長自己就有信用卡債務問題，並擔心一旦讓孩子知道太多他們的財務狀況，就會增加孩子們的恐懼。「現實生活」中信用卡債務問題遠超過孩子們對它的理解。我發明了一種給孩子玩的「現金流」遊戲，以便幫助家長教孩子一些基本的財務知識。這個遊戲典型化地處理了做出「支付現金或記帳」決策的過程。你的孩子會從中瞭解到信用卡的兩面性（即付的報酬和帳單來臨時遲來的災難），他們會在樂趣中玩金錢遊戲。這樣，當他們長大成人後，他們可能就會更好地面對或化解信用卡帶來的危機。

打工

讓你的孩子去打工所帶來的挑戰是會強化員工心態。要鼓勵他們從事可以學到寶貴知識，用以成為企業主或投資人的工作。在此階段，學習比賺錢更重要。

陪他們一起檢視第一份薪資條，讓他們知道政府在你領到薪水之前，就已經透過課稅，拿走你為數不少的收入。

有些父母要求孩子把所賺到的每一份收入，撥百分之五十用來儲蓄、投資和贈與。這樣是從小灌輸孩子「先支付自己」的觀念，並且讓他們建立自己的投資資產。剩下的另一半，則隨他們高興去花用。

財務成功

總之，給不給孩子零用錢這個問題的決定權在你自己。但要問問你自己制定了哪些與零用錢有關而且可以教育孩子的策略。你是否正在培養孩子具備：

- 理所當然的心態？
- 員工的心態？
- 企業家的心態？

財務責任與企業家精神結合後，將會形成一種強大的力量。幫助你的孩子提高這兩方面的能力，然後你就可以坐下來看他們實現一個又一個的財務成功。

通往財務自由的道路

我的窮爸爸專注於他賺了多少錢，他總是說：「接受良好教育，以便你能找到高薪工作。」

富爸爸並不在意他賺多少錢，而是專注於他能留住多少錢，這就是為什麼他說：「你能留住多少錢比你能賺多少錢更重要。」他還說：「只關心賺多少錢的人，總是要為關心留住多少錢的人工作。」

至於零用錢問題，我認為更重要的是教你的孩子專注於留住錢而不是賺錢。富爸爸說他在資產項中的每一塊美金都像他的一個員工：每一塊錢都在為他努力工作。一旦一美元進入了資產項，那它永遠都不會離開資產項了。假如他賣掉資產，他會繼續再買另一個資產。他買的資產現在已傳到了下一代手中。

透過在你孩子身上傳授和發展這一哲學，你會幫助他們找到財務獨立之路。

附錄B 財務實戰演練

以下練習將有助於你教孩子瞭解金錢。當我們教孩子某種知識或技能時，如果能夠恰當地利用身邊發生的一些現實生活經驗，就可以自然而然地向他們展開課程實踐應用的一面；而在實踐應用中得到的知識和技能，往往使孩子們的印象更加深刻。例如我們有一個課程叫做「銀行實戰演練」。在完成財務實戰演練之後，你的孩子每次經過銀行都會記起所學過的課程，這種方法常被稱作「經驗學習法」。它是教育孩子們金錢問題的有力工具。

對你來說，實戰演練只是用作教孩子基礎財務概念的一種方法，方法本身並沒有正確或錯誤的答案。有一些簡單的練習或觀察，會幫助你和你的孩子一起創造關於某個特殊財務問題的對話環境，並有利於拓寬孩子對我們生活的財務世界的認識。

同時，這些課程也將是你與你的孩子們共享天倫之樂的好機會。

餐桌上的財務實戰演練

當你支付每月的帳單時，讓孩子和你坐在一起，讓他們看每張帳單並為他們解釋。

這會使他們對生活更加瞭解。你不需要向孩子透露全部的財務情況，但要讓他們對基本情況有所認識。

1. **首先支付自己：**從首先支付自己開始，即使只是幾美元而已。在一次又一次地看到你首先支付自己之後，你的孩子就會在他開始收到錢後按照你的方式去做。
2. **支付家庭費用：**向孩子解釋水電瓦斯費帳單並讓孩子親眼看到這些帳單。這會讓你的孩子更清楚你的錢是怎麼花的。一旦知道了你要支付電費、水費、空調費、垃圾清理費和其他家庭開支，孩子們就會思考為了要滿足自己的生活方式，需要做多少工作。
3. **支付你的抵押貸款：**用非常簡單的語句向孩子解釋抵押貸款，告訴他們銀行是怎樣透過貸給你們大部分的錢來幫助你們買房子的。你們要在一段時間後把錢還給銀行，為了完成這件事，你們要向銀行支付一定的費用或利息，直到你把全額貸款還清為止。讓你的孩子看到你的抵押貸款，以及每次支付中包括的利息支付和房子所欠款項。
4. **支付信用卡帳單：**向孩子解釋信用卡帳單。如果你有大額的信用卡債務的話，這可能會是一次困難的練習。但不管怎樣，對你的孩子來說，懂得信用卡的正負兩方面是非常重要的。以下是一些簡單的定義：

A.信用卡：銀行或其他金融機構及商店向你發放貸款卡，以便你能夠購買商品或服務，你可以立刻得到商品和服務，由銀行和商店先替你支付商品和服務款項。

B.帳單：每個月你都會收到一份你所花錢款的帳單（別人為你代付了多少錢），以及你必須支付上述款項的到期日，以避免被收取利息和滯納金。

C.信用卡利息：如果帳單上的到期金額在到期日之前沒有支付，銀行將對未清餘額收取相當高的利息。

D.信用卡惡性循環：

・某個月你短缺現金，所以你就只支付信用卡的最低應繳金額。隨著你不斷地加入新帳，卡上的未付餘額在不斷地增大。

・支付最低款項是如此容易以至於你一個月又一個月地使用它，同時你也不斷地支付費用。

・因為你支付了最低付款額，你的信用評級很好，於是其他公司也會送你一些新的信用卡。很快你的皮夾裡有了五種不同的信用卡（根據Cardweb的調查，美國大多數家庭有五到六種銀行信用卡）。

・你不斷地支付五張卡上的最低應繳金額，因此保證了較好的信用等級，但現在你在所有卡中都有了不斷增大的未結清餘額。

・有一天，你發現你正在按最低應繳金額支付出一大筆錢，但你每個月的未結清總額仍在不斷增大。

・當你發現你甚至無法按月支付最低應繳金額時，你的信用等級下降了。

・隨後你發現你已花到了信用卡貸款的最大限額。因為你的信用等級不再良好，所以你得不到任何新卡，而你仍要支付你現在卡上已到期的最低應繳金額。

遺憾的是，今天許多人發現他們已陷入惡性循環中。雖然這聽起來有些令人沮喪而且不是你想讓孩子承受的東西，但在早年就開始明白這個問題是非常好的。你該如何向你的孩子解釋這個複雜的問題呢？我們發明了「現金流」（兒童版）遊戲，並在遊戲中包含了這個問題。孩子們會從中學到他們有一個選擇，那就是付現金還是記帳，不同的選擇導致不同的結果。最初他們會選擇記帳，因為這是他們在家中常聽到的方法，而記帳的結果是增加了他們每個結帳日要支付的費用。於是他們會很快意識到一次性支付現金要比無限地增加費用好。

5.記錄：在帳單支付之後，讓你的孩子幫你填寫帳單。好的記錄習慣是另一種學習方式。

財務實戰演練：到雜貨店

每次你到雜貨店，都會不斷地在品質和價格之間做出決定，你不要只是在心裡默默盤算，而是要說出來讓孩子一起參與這過程。告訴他們商店提供了單價比較，要他們告訴你，哪一種豆子罐頭較划算。同樣重要的是，你要解釋為什麼儘管某一種罐頭要便宜一些，但你仍選擇購買較貴的那種，因為豆子的品質決定了罐頭的價格。你也可以買回這兩種罐頭，回家讓孩子看看兩者之間的差異。讓你的孩子們付款點錢並計算找零，讓他們學習價值和交換的概念。

財務實戰演練：計畫餐費

首先，你讓孩子準備一週的菜單，要求在一定的預算範圍內提供全家一週的食物。孩子既要讓家裡人對食物滿意，又要符合財務預算要求。讓孩子制定菜單並購買食物非常重要。你可以幫助他準備，因為做飯不是該課程的組成部分。

1. **制定預算：**考慮一下全家每週在食物上應花多少錢，為方便起見，你只需考慮早餐和晚餐。
2. **讓孩子用圖表計畫膳食：**每一餐都要讓孩子按功能表準備，你可以到食品店幫他們瞭解每種商品的成本。
3. **讓孩子準備購物單：**在完成一週菜單的制定後，讓孩子準備一張購物清單以便他們能知道該買哪些食物。

4.**讓孩子到商店購買食物：**在食品店裡，讓孩子挑選要購買的商品，你可以建議他們帶上計算器，以便計算總共花費的金額，控制預算是非常重要的。

5.**讓孩子在圖表上記錄每餐所花的錢：**購物時，你也許想讓孩子在圖表上記下所花金額，但他們需要回家後按收據記帳，因為食物成本中還應含有稅。

6.**準備膳食：**主要讓孩子親手做，你只需幫助他們準備。

7.**分析結果：**首先，檢查全家是否對他們的餐點滿意，這是練習中非常重要的部分，因為無論你做什麼事，別人的意見將伴隨著你一生。

其次，讓孩子比較每餐的預算額與實際額的差異，因為每一餐都會有節餘或超支，最後再看看一週的總結餘或超支情況。

8.**回顧全過程：**這是練習中最重要的部分。讓孩子與你一同分享這一體驗，他們學到了什麼？聽聽他們的觀點。你會發現作為父母，你對孩子的欣賞又有所增加。

9.**應用此過程：**現在你需要和孩子們一起討論所有費用的預算。如果你不想透露特別的財務情況，那麼可以制定一個樣本預算。在預算中需要討論的有：家庭中會有哪些收入流入，有多少費用需要支付。如果他們已完成了「支付帳單」的練習，你的孩子會更清楚計畫需要列入哪些專案。

就像他們必須在預算範圍內計畫餐點一樣，你必須學會在預算範圍內計畫生活。

收入

- 薪水（你為錢工作）
- 出租財產的租金收入 （錢為你工作）
- 利息或紅利（錢為你工作）
- 其他收入

減

- **首先支付自己（這是必要的投資。）**

減（費用）

- 稅金
- 房貸或房租
- 食物
- 衣服
- 保險
- 汽油
- 公用事業費
- 娛樂
- 信用卡或其他債務利息

餘額

現在，計算你的投資與收入的比例和收入與費用的比例，你還有其他提高你的投資（留作資產）與收入比例，以及降低收入費用的比例的方法嗎？

假如你增加資產並因此增加了收入，就會有更多的錢為你工作。你的薪水只代表你在為錢工作。

10.跟進：又一週過去了，再和你的孩子來討論這次練習，他們還記得這次練習嗎？他們願意重複這樣的練習嗎？他們知道投資、買進資產或首先支付自己對他們的長期影響嗎？

銀行財務實戰演練：去銀行

帶孩子到銀行去，指給他們看出納和客戶助理的位置。如果銀行不太忙，請出納和客戶助理解釋他們所做的工作。讓你的孩子問一下銀行的存款利率是多少，包括儲蓄帳戶、存款單和銀行提供的其他銀行工具，讓孩子對此進行記錄。

然後讓孩子問一下銀行的汽車貸款、住房貸款或消費信用貸款的利率為多少。如果銀行發行自己的信用卡，讓孩子問一下信用卡未結清餘額的利息率。

然後離開銀行，到安靜的地方完成下列表格：

銀行支付給你的利息		你付給銀行的利息	
儲蓄帳戶	____%	汽車貸款	____%
貨幣市場帳戶	____%	房屋抵押貸款	____%
大額存款單	____%	信用卡	____%

讓孩子檢查這張表並問如下問題：

1. 哪一邊的利率高？
2. 完成下面的句子：銀行按銀行儲蓄帳戶的（____%）支付利息，當我需要買車去銀行貸款時，我要付給銀行所貸款項的（____%）。我所支付的（____%）多於我收到的儲蓄利息。
3. 和你的孩子一起重溫第十章「為什麼儲蓄者總是損失者」，向他們解釋存些錢在儲蓄帳戶中是明智的，這是我們養成良好的財務習慣的開始。事實上，我們建議人們在儲蓄帳戶中放入可開支三到十二個月的現金以防萬一，而不建議你從儲蓄帳戶中隨便提錢，但我們也說過儲蓄財產不是好的投資工具。

4. 概括起來，問孩子：「假如遇到下列情況，你是會賺錢還是會賠錢？」

你在儲蓄帳戶中有一萬美元，利率為百分之四，那麼你每年得到的利息是多少？（10,000×4%＝A）

並且，你有一萬美元的消費貸款，第一年你以百分之九的利率支付利息，你應支付多少利息？（10,000×9%＝B）

現在，一年之後，你是賺錢了還是賠錢了？（A－B＝C）

十年後，你賺到或賠了多少錢？（C × 10年＝D）

答案：

A＝四百美元；銀行對你的儲蓄支付四百美元利息。

B＝九百美元；你付給銀行九百美元的貸款利息。

C＝負五百美元；你將損失五百美元。

D＝負五千美元。十年後，你會損失五千美元，你在儲蓄帳戶中仍有一萬美元，且仍有一萬美元的消費貸款。但十年中，你支付的利息比你得到的多五千美元。

進階練習

複習上述練習，讓我們再加入所得稅的影響，因為政府向你徵收所得稅，並且不允許你扣減應付的利息。

計算你年應付的稅，戶頭賺取的利息A，乘以所得稅率百分之五十。

（A×50％＝E）

現在C再減去E，然後決定你稅後的獲利或損失，

（C－E＝F）

十年後，你的獲利或損失是多少？

（F×10年＝G）

答案：

E＝兩百美元；你將從銀行收到的利息支付兩百元的所得稅，假設稅率為百分之五十。

F＝負七百美元，繳納所得稅後，你每年會損失七百美元。

G＝負七千美元。十年後，你會損失七千美元，在儲蓄帳戶中你仍有一萬美元的存款，同時還有一萬美元的消費貸款。但在十年中，你付的利息和稅金，比你儲蓄帳戶中的利息要多七千美元。

改善投資計畫

再溫習一遍上述的例子，你會發現那並不是一個明智的投資計畫。不幸的是，許多人

正在按該計畫行事而且沒有意識到這一切。有些辦法可以改變這一投資計畫。

容易：用你的一萬美元儲蓄，償還一萬美元的消費貸款。用這種方法，你不會損失任何錢，也不會賺到任何利息，不會付任何利息。

中等難度：尋找資產，並用儲蓄帳戶中的一萬美元去購買它，從而可以產生足夠的現金流以支付消費貸款，但你需要找到每年能產生九百美元以上的現金流投資。另一種方法是看你的現金收益率是否大於百分之九（九百／一萬）。瞭解現金收益率對任何投資者都很必要。

這是用你的資產償還你的負債——消費貸款的辦法。所得稅的影響並未包含在這個案例中，因為所得稅率根據你所買資產的不同而不同。

複雜：按至少百分之九現金收益率購買資產，然後決定如何把一萬美元消費貸款轉為商業貸款，這可使支付在貸款上的九百美元利息免徵收入稅。這個辦法在《富爸爸，有錢有理》一書中有詳細的介紹。

請記住，這個練習的目的在於，說明儲蓄和借款以及儲蓄和投資之間的不同。你還可以增加一些額外的部分，以提高整個訓練的複雜程度。另外需要注意的是：當你開始課程時，請從最初級的例子開始，由淺入深，只要孩子感興趣並能夠真正理解那些初級的概念，你就獲得了成功並可以進一步練習下去。

財務實戰演練：到汽車展示中心和電器行

如果你準備買汽車或大型電器，請帶孩子同去。與你的孩子討論是支付現金還是貸款購買，如果你要貸款購買，你應該明確地告訴孩子，從現在起，在你們的每個月預算中，又要加入新的支出專案了。透過參與整個貸款過程，你的孩子會在幼年時學習到借款知識以及良好信用的重要性，讓貸款人員給你的孩子解釋什麼是良好信用以及它的重要性。這個過程可以是個簡單的參觀，但卻可以在金錢及借貸上拓展孩子的心智及意識。

藉由這個過程，你的孩子將會開始瞭解個人財務報表和信用等級，就是一個人在現實生活中的成績單。

財務實戰演練：到證券公司

看過銀行之後，請帶孩子去證券公司，讓股票經紀人對你的孩子解釋他們的工作（你可以提前安排這次拜訪，以便你能找到一名熱心的經紀人），假如你的孩子已經十幾歲了，你可以為他開設一個帳戶，並協助他填完表單。在你和股票經紀人參與下，教會並允許你的孩子選擇他自己想要的投資專案。

讓經紀人解釋不同的投資類型，以及它們在回報率上的差異，大多數成年人也並不清楚公司股票或共同基金有經營上的不同。你的孩子透過掌握這些基礎性的投資工具知識，將會擁有一個超越常人的聰慧的財務頭腦。

除非你的孩子已經抓住了股票經紀人講述的每一個概念，否則談論本益比和其他的基本面與技術面分析就顯得有些過早。對於這些題目的進一步討論，可以在《富爸爸，有錢有理》中看到。

有一些家長給孩子開設了網路交易帳戶，是否開設在線交易帳戶由你自己決定，但我認為在孩子們早期的財務教育過程中，讓股票經紀人與孩子面對面交流會更好一些，你的孩子可以透過這種交流和股票經紀人建立起某種關係，並能更加輕鬆地提出他們還不懂的問題。

教你的孩子如何閱讀當地報紙的財經版。假如你也不熟悉財經版內容，不妨讓股票經紀人同時為你們兩個上課。

要從小處著手，不要讓你的孩子投入太大筆的錢。這個過程僅用於教育你的孩子瞭解金錢世界和金錢的力量，用太多的錢只會讓金錢的力量控制孩子，給他們帶來不好的影響。

從小處做起並透過動手來學習會有非常好的效果，因為涉及到金錢，小錯誤總是比大錯誤容易改正。

財務實戰演練：到麥當勞

把你的孩子帶到麥當勞並不會太難。但這次，要花足夠的時間來計畫並實施下列練習。

1. 在你開車去麥當勞的路上，請給孩子講述如下要點：

・一些人擁有麥當勞下面的土地，他們因為讓麥當勞建在他們的土地上而收取租金，土地的主人甚至不需要在當地，他們就可以按月從人們購買漢堡的錢中收取租金。

・同樣的人可能擁有不同的建築物並同樣收取租金。

・一些專業公司為麥當勞建造金色拱門。你能想像一個工廠專門為麥當勞提供金色拱門嗎？也許只有麥當勞知道如何讓所有的拱門塗成同一種顏色並且看起來一模一樣。

2. 點完食物後，一邊吃一邊讓孩子注意觀察下面這些場景：

看到櫃檯後面的職員了嗎？她是麥當勞的員工並按工作的小時數領取報酬。經過培訓之後只要她站在了她該站的地方並做了她應做的工作，她就會收到薪水。當她領取薪水時，她只能按照她進行體力工作的時間得到報酬。

然後問：「你還看到其他員工了嗎？」

最後總結：「要有許多員工一起工作，才能使麥當勞營運良好，並為顧客提供優質的服務。」

3. 環顧餐廳，讓孩子觀察：

看到他們使用的杯子和包漢堡的包裝紙了嗎？這些東西由其他公司生產，並印上了麥當勞的標記。這些公司必須保證杯子和包裝紙看起來和麥當勞要求的一模一樣，否則將拿不到錢。某人，當然也是員工，可能就在麥當勞所在的公司辦公室裡負責訂貨，並確保每個麥當勞在用完他們目前的庫存時及時補足貨源。

然後問：「你看到麥當勞裡有哪些東西需要其他公司生產嗎？」

然後總結：「不同的公司在不同的專業生產領域，為麥當勞提供商品，並從而確保麥當勞能夠有效營運。」

4. 看到那個在汽水機旁邊忙著修理機器的人嗎？還有安電燈或者洗窗戶的人。他可能是個自由職業者或者擁有自己的小公司，這家麥當勞的經理雇用他做一些特殊的工作，像修機器、擦窗戶等工作。對麥當勞的經理來說，雇用一個具有這些專業技能的全日制員工的價格太昂貴了。因為只有在機器壞了或窗戶髒了諸如此類的事情發生時，才需要他們的幫助，所以經理只在需要的時候臨時雇用他們。

然後問：你看到麥當勞有哪些工作可以雇傭其他專業公司來完成，而不是雇用員工來完成？

然後總結：「各種專業公司提供了許多不同類型的服務以保證這個餐廳的正常營運，對小公司和擁有特殊技能的自由職業者來說，為麥當勞工作能幫助他們維持自己公司的營運。」

5. 你注意到每個麥當勞都很相似嗎？食物總是一樣的，員工不同，但說的話一樣，每家的番茄醬都一樣。這都是因為麥當勞建立起了自己的系統，每個加盟連鎖店都必須嚴格遵守政策和流程，如果它希望繼續成為麥當勞的一員的話。這些政策和流程形成了每個成員必須服從的「系統規則」。系統規則規範所有的操作流程，如補充和清潔奶昔機或薯條機。

然後問：「你還注意到哪些系統？」

然後總結：「這個麥當勞店和全世界其他所有的麥當勞店，使麥當勞成為一個成功的特許經營企業。擁有這樣的系統或者幫助創立這樣的系統是不是很棒？」

6. 你注意到了嗎？我沒提到過麥當勞的主人也在店裡？其實他雇用了一位經理，經理負責餐館的日常運行，雇用和解聘員工，確保有效供應，保證顧客滿意，並使一切進行順利。經理與業主接觸只是向他彙報餐館的運轉情況，也許是每週一通電話或者每月一次例會（在業主辦公室或家裡舉行），業主接聽電話或參加會議就能知道麥當勞又為他（她）賺了多少錢。

麥當勞是業主擁有的資產，他擁有了使餐館工作的系統，事實上，現在業主可能正在上高爾夫球課或打高爾夫球呢。

然後問：「你認為業主在麥當勞店的事務上能花多少時間？」

然後總結：「業主讓他的資產為他工作，而不是為錢工作！因為這個資產為業主帶來了現金流，業主就可以自由地把時間花在建立更多的資產或上高爾夫球課。」

到公寓進行實戰演練

找一棟你家附近的公寓，或者你的孩子經常在路上看到的公寓。在公寓前停下，並進行以下觀察：

1. 這是一棟公寓，住在樓裡的人叫做房客，他們支付的東西叫房租。房租使他們能住在其中一間公寓裡，但他們並不擁有這間公寓，他們付錢租借公寓使用。他們的租金還允許他們使用如游泳池、庭院和洗衣房等公共設施。

然後問：「在這個大樓裡，一共有多少間公寓？」

然後總結：「為了能夠使用公寓，所有的房客都向公寓的房屋所有人支付租金。」

2. 問：「假設有N個房間，每個房客月租金為一千美元，那麼，公寓的主人就從他們所租的的房間中賺了很多錢。」

然後問：「你覺得這位屋主一個月賺了多少錢？」（預估或計算）「但是，通常屋主會去借錢，稱之為貸款，從銀行借錢出來才能買這間公寓。每個月，屋主都需要償還部分借款給銀行，還要支付銀行利息。」

最後總結：「如果房屋主人收到的租金多於他每個月付給銀行的分期付款金額，他將有正向的現金流。」

3. 「為使公寓保持好的外觀，有一些費用，如庭院清掃、游泳池的保養或大樓粉刷費需要業主支付。」

然後問：「你認為屋主該支付哪些其它的費用呢？」

最後總結：「所以屋主要每月收租金，以保證公寓的收入多於擁有大樓所要付的貸款，並維護保養它的費用。」

4. 「房屋所有人需要一個收費和收房租的系統，這個系統還會告訴屋主房產的狀況。」

然後問：「你認為屋主需要擁有哪幾種系統以保證公寓的成功運轉？（例如，房客透過屋主解決有關公寓的問題，並支付與公寓有關的租金和帳單。）」

然後總結：「這種情況類似麥當勞，它也需要系統使其高效和成功運轉。公寓管理的複雜程度不亞於一個企業。」

5.「你可能看不見公寓的屋主，因為他或她並不住在這裡，可能有一位房屋仲介業經理替他（她）處理有關房租，維修保養、房屋爭端等所有事務。有時房屋仲介業經理靠這個房產生活，但不是所有的時候。

然後問：「如果屋主從不出現，且由房屋仲介業經理支配所有事務，這是不是有點像麥當勞的所有人？」

最後總結：「這是公寓的主人擁有資產的例子，他們擁有一個系統，這個系統由房屋仲介業經理來管理。房屋仲介業經理確保公寓有效運轉，並定期向業主彙報獲利情況，屋主是在讓資產為他（她）工作，而不是在為錢工作。」

總之，在這次參觀之後，你的孩子會從全新的角度審視公寓。而且，如果你選擇的公寓靠近你們家，每次你的孩子經過時，他都會記起這項公寓業務。

你也可以向孩子解釋，有許多把供出租的單身房和辦公室大樓作為投資的人，均適用這種分析。用公寓為例是因為對孩子們來說，它既簡單又熟悉，要學習的重要概念是「金錢的力量」，你要讓你的錢為你工作而不是你去為錢工作。

高寶書版集團
gobooks.com.tw

RD010
富爸爸富小孩：給你的孩子理財頭腦（2017年修訂版）
Rich Dad's Rich Kid Smart Kid: Give Your Child a Financial Head Start

作　者　羅勃特・T・清崎 (Robert T. Kiyosaki)
譯　者　王麗潔
審　訂　MTS 翻譯團隊
總編輯　蘇芳毓
編　輯　翁湘惟
美術設計　林政嘉
排　版　趙小芳
企　畫　劉佳澐

發行人　朱凱蕾
出　版　英屬維京群島商高寶國際有限公司台灣分公司
Global Group Holdings, Ltd.
地　址　台北市內湖區洲子街 88 號 3 樓
網　址　gobooks.com.tw
電　話　（02）27992788
電　郵　readers@gobooks.com.tw（讀者服務部）
pr@gobooks.com.tw（公關諮詢部）
傳　真　出版部（02）27990909　行銷部（02）27993088
郵政劃撥　19394552
戶　名　英屬維京群島商高寶國際有限公司台灣分公司
發　行　希代多媒體書版股份有限公司 /Printed in Taiwan
初版日期　2002 年 7 月
二版日期　2017 年 1 月

Published by Plata Publishing, LLC

First Edition: January 2001
First Plata Publishing Edition: July 2012
First Complex Chinese Edition: July 2002
Second Complex Chinese Edition: January 2017
This edition published by arrangement with Rich Dad Operating Company, LLC.

國家圖書館出版品預行編目（CIP）資料

富爸爸富小孩：給你的孩子理財頭腦 / 羅勃特 .T. 清崎
(Robert T. Kiyosaki) 著 ; 王麗潔譯 . -- 初版 . --
臺北市 : 高寶國際出版 : 希代多媒體發行，2017.01
面；　公分 .--（RD010）
譯自 : Rich Dad's Rich Kid Smart Kid: Give Your Child a Financial Head Start

ISBN 978-986-361-365-7（平裝）
1. 個人理財　2. 投資　3. 子女教育

563　　105023010

GOBOOKS
& SITAK
GROUP©